Margot von Schade
Gerettetes Leben

Margot von Schade

Gerettetes Leben

Erinnerungen an eine Jugend in Deutschland

Aufgezeichnet von meinem Mann
Arnold Diestel,
den ich am 18. Dezember 1945
geheiratet habe

Langen Müller

Bildnachweis

Deutsche Presse-Agentur 18
Landesbildstelle Berlin 14, 17
Süddeutscher Bilderdienst 13, 15, 16
Rat der Stadt Greifswald 12
Alle übrigen Fotos aus dem Privatbesitz
der Verfasserin

Lektorat und Herstellung: Verlagsservice
Dr. Helmut Neuberger und Karl Schaumann, Heimstetten
Umschlaggestaltung: Christel Aumann, München,
unter Verwendung eines Fotos der Autorin,
das die Burg Zieverich a. d. Erft zeigt
Satz: Fotosatz Völkl, Germering
Gesetzt aus 10/12 Punkt Aldus
Druck und Binden: Ebner Ulm
Printed in Germany
ISBN 3-7844-2219-5

Inhalt

Unseren Enkelkindern

Vorwort

Im mittelalterlichen Jahr 1238 erscheint in einer westfälischen Urkunde zum ersten Mal der Name eines Ritters Antonius Scathe. Dieser Antonius ist mein erster nachweisbarer Vorfahre. Aus dem Namen Scathe wurde Schade, wie meine Familie jahrhundertelang geheißen hat. Nicht viel weiß man von diesem Antonius Scathe, außer daß er ein ziemlich rauher Bursche gewesen sein muß und äußerst trinkfest.

Ich erinnere mich, in meiner Jugend eine Familienchronik in Händen gehabt zu haben, in der jener Antonius Scathe natürlich erwähnt wurde. Man habe ihn zum Ritter geschlagen – Friedrich II., der große Staufer, herrschte damals von Sizilien aus über das Heilige Römische Reich Deutscher Nation. Er soll ursprünglich ein Müller gewesen sein, der sich im Kriegsdienst bewährte, so daß man ihn zum Ritter schlug mit den Worten: »Schade, daß du ein Müller bist! Nunmehr bist du ein Ritter.« Er muß dem Alkohol kräftig zugesprochen haben, denn man nahm ihm, laut Chronik, das Versprechen ab, weniger zu trinken. Sein gegebenes Wort scheint er nicht lange gehalten zu haben, denn über die Eintragung in der Chronik hatte ein Nachfahre in klarer, feiner Schrift die Worte geschrieben: »Doch selbige Nacht soffen sie wie die Schweine.«

Jahrhunderte sind vergangen. Habe ich Spuren dieses kühnen und kriegerischen Mannes in meinem Blut? Es mag wohl sein. Cognac und einen Klaren weiß ich wohl zu schätzen. Und über mangelnde Aggressivität brauche ich mich nicht zu beklagen. Feigheit kann mir keiner vorwerfen.

Wer sind wir? Wie viele Vorfahren haben uns und unser Schicksal geprägt? Tragen wir eine Vorbestimmung in uns, der wir unentrinnbar verbunden sind? Wer weiß schon, womit seine Vorfahren ihn belastet, welche Gaben des Geistes, des Charakters sie ihm vererbt haben.

Warum bin ich meinen gefahrvollen Weg gegangen, einen Weg, der mich in tiefstes Unglück führte? Nichts hat mich gezwungen. Nichts? Ja, vielleicht doch etwas: mein Erbe. Ein Erbe vieler, vieler Vorfahren, auch das des Antonius Scathe mit seinem kriegerischen Sinn und seiner Freude am Streit.

Es ist der 1. Januar 1987. In diesem Jahr werden 43 Jahre vergangen sein, daß sich ereignete, was ich hier erzählen möchte.

Das Wiedererwecken der Erinnerung an jene lang zurückliegende Zeit bedrückt mich. Quälende Träume lassen mich des Nachts hochschrecken. Ich fühle mich zurückversetzt in jene Zeit, und ich meine, alle Schrecken noch einmal erleben zu müssen, fühle mich noch einmal eingesperrt in den Gefängnissen, in denen man mich inhaftiert hatte, sehe Freisler wieder vor mir, höre seine geifernde Stimme, erkenne die blutroten Roben der Richter des Volksgerichtshofs. Die Vergangenheit holt mich ein und bedrängt mich auch am Tag.

Warum also lasse ich sie wieder lebendig werden?

Weil nicht in Vergessenheit geraten soll – wie viele der jetzt älteren Generation insgeheim wünschen – was damals in unserem Land geschah, wozu ein jahrtausendealtes Kulturvolk bereit war, eine Nation, die so viel Gutes, Schönes und Erhabenes geschaffen hat. Es ist ein Trost, daß die Geschichte unseres Volkes nicht nur aus diesen zwölf Jahren besteht – zwölf Jahre des Grauens, die unser Volk in den tiefsten Abgrund seiner oft so großen Vergangenheit gestürzt haben –, sondern daß sie über viele Jahrhunderte eine Tradition bildet, auf die wir stolz sein können. Dennoch – auch die Jahre des Terrors und des Verbrechens sind ein Teil unserer Vergangenheit, und die Art und Weise, in der wir damit umgehen, wird das Urteil künftiger Geschlechter über unsere Generation mitbestimmen. Deshalb darf nichts verborgen bleiben, was damals geschah, und deshalb schreibe ich dieses Buch.

Steinhorst im Sommer 1988   *Margot von Schade*

Kindheit in Zieverich

Den schönsten Teil meiner Kindheit verbrachte ich auf dem Gut meiner Großeltern in Zieverich, zwischen Köln und Aachen gelegen. Ich habe es mit seinem wunderschönen Park, seinen Tieren, vor allem den Pferden, die mein Großvater züchtete, so sehr geliebt, daß ich meinte, alles gehöre mir: das große Haus, das an eine alte Burg, die Burg Zieverich, angebaut war, in deren Turm ich am 27. März 1923 als erstes Kind meiner Eltern, des Freiherrn von Schade und meiner Mutter Hedwig, geborene von Langen, geboren wurde.

Der Park und der Teich dazu, die Erft, auf der wir im Sommer in einem Ruderboot, einem Punt, ruderten, in der wir badeten und in der Förster Siepen die Aale fing, um sie für meine Großeltern zu räuchern, waren unser Paradies. Der Förster wohnte in einer alten Wassermühle, die ein paar hundert Jahre alt gewesen sein mag. Eine Allee riesiger alter Walnußbäume führte zu ihr und zu der Gärtnerei, vorbei an Ställen und dem Geflügelhof – ein anderer Weg zum Gestüt und den Koppeln, wo meines Großvaters Hannoveraner gezüchtet und geritten wurden.

Natürlich begingen wir auch mancherlei Streiche, aber sie waren harmlos. So ließen wir die Schweine aus ihren Luken und trieben sie mit diebischer Freude in den Park hinaus, was uns Ohrfeigen von Förster Siepen eintrug. Oder wir klauten Fasaneneier, die für die Brut vorgesehen waren, und ließen sie auf der Erft schwimmen, was die gleichen Folgen nach sich zog.

Meine Schwester und ich hatten einen gleichaltrigen Freund in Rudi Welsch, dem Sohn eines Verwalters meiner Großeltern. Er war ein netter Spielkamerad, der eifrig in den Theateraufführungen, die meine Mutter veranstaltete, mitwirkte. Wir wurden in einem männerlosen Haushalt groß, meine Mutter war geschieden und heiratete erst 1934 ein zweites Mal. So hatten wir niemals gesehen, wodurch ein Mann sich von einer Frau unterscheidet. Natürlich hatten wir von geheimnisumwitterten gewissen anatomischen Merkmalen gehört, aber gesehen hatten wir sie noch nie. Meine Schwester war gerade acht, ich zehn Jahre alt, als wir Rudi eines Tages allein in der Reithalle trafen. Er erschien uns als das geeignete Objekt, unsere Neugierde zu befriedigen, unseren brennenden Wissensdurst zu stillen.

»Rudi zieh doch mal deine Hose runter«, forderte ich ihn auf.

Meine eineinhalb Jahre jüngere Schwester stand neben mir, machte runde Augen und zog eine krause Nase.

»Los Rudi, hab dich nicht so.«

»Bist du verrückt?« zierte er sich.

»Ach, nur mal so, nur mal gucken.«

Rudi wollte nicht, sträubte sich hartnäckig, machte auf schamhaft.

»Rudi, nun komm, hier hast du fünfzig Pfennige.«

Das war mein Wochentaschengeld. Aber so viel war mir der Dienst an der biologischen Wissenschaft immerhin wert. Und es gelang: Die Hose fiel! Rudi wurde weich und zog sie sich wirklich herunter. Doch in diesem Augenblick verließ uns prompt der Mut. Mit hochrotem Kopf und kreischend stürzten wir aus der Reithalle.

Das war Rudi Welsch. In Rußland ist er gefallen. Der großdeutsche Traum hat ihm das Ende all seiner Träume und Wünsche gebracht, seinen Eltern namenlose Trauer.

Schönste Erinnerungen verbinde ich mit den Stallungen und Wiesen, den Erft-Niederungen, die mit Baumgruppen bestanden in weit gedehnter Ebene sich mir unauslöschlich eingeprägt haben. Hier saß ich zum ersten Mal auf einem Pferderücken. Stallmeister Henning lehrte mich das Reiten. Für die zahlreiche Enkelschar unserer Großeltern war er der beste Freund und Helfer in allen kleinen kindlichen Kümmernissen. Aber bei aller Vertrautheit blieb er für uns Kinder doch immer »Herr« Henning. Nie wären wir auf den Gedanken gekommen, diese respektvolle Anrede wegzulassen.

Meine Liebe zu Pferden, diesen herrlichen Tieren, begann in jenen Jahren, und sie hat mich nicht mehr verlassen. Ich ritt, wann immer ich durfte oder auch nicht durfte.

Ich war überhaupt ein recht jungenhaftes, gelegentlich ungebärdiges junges Mädchen. Ich stieg auf Bäume und war der Anführer der gleichaltrigen ländlichen Jugend. Stets war ich burschikos, und ich bin es nach den kommenden Erlebnissen noch mehr geworden. Es ist dies vielleicht keine positive Veranlagung, aber sie hat mir entscheidend geholfen, alles Schwere, das meiner harrte, zu überstehen. Ich habe immer aus dem Affekt, der Emotion heraus gehandelt. Mein Wesen zu analysieren habe ich anderen überlassen.

Als Hitler an die Macht kam, war ich zehn Jahre alt. Es gab mehr als sechs Millionen Arbeitslose, die Wirtschaft stolperte von einer Krise in die andere, Fabriken lagen still, Schiffe verrosteten in den Häfen, Hunderttausende, Millionen vegetierten in Not, Kälte, Hunger und Armut dahin. Wurde das Elend unerträglich, machten viele dieser Unglückseligen ihrem armseligen Dasein selbst ein Ende.

Steht einem das Wasser bis zum Hals, greift man nach jedem Strohhalm, und vielen mag damals Hitler als die vielleicht einzige Rettung aus Not und Elend erschienen sein. Kann man es ihnen verdenken, daß sie dem großen Volksverführer auf den Leim gingen, nachdem die Politiker aller anderen Parteien ihren tönenden Versprechungen zum Trotz versagt, die Armen und Elenden enttäuscht hatten?

1933, am 30. Januar, war Hitler Reichskanzler geworden, und es gelang ihm tatsächlich, die Masse der Arbeitslosen von der Straße zu holen. Die Wirtschaft begann sich zu erholen und lief bald wieder auf vollen Touren. Handel und Gewerbe begannen zu florieren. Man verdiente, es ging allen wieder gut. Allen? Nun, jedenfalls denen, die sich mit der NS-Partei arrangiert hatten, und das war die große Mehrheit. Wer fragte da schon danach, daß eine Minderheit, die Hitler nicht zu folgen bereit war, in sogenannten Konzentrationslagern eingesperrt, gefoltert und ermordet wurde?

Doch die Zeit der großen Verbrechen begann erst, nachdem die Nazis 1935 die Nürnberger Gesetze erlassen hatten. Sie waren die Grundlage und der Auftakt für die unter Hitler beginnende Judenverfolgung. Die Nazis nahmen ihnen ihre Geschäfte fort, vertrieben sie aus ihren Wohnungen. Mit dem Wort »Jude« stempelten sie ihre Pässe ab. Die begabten jüdischen Kinder mußten die höheren Schulen verlassen. Schikanen wurden erfunden, die unvorstellbar waren. Alle Juden mußten einen gelben Stern tragen, und nach Ausbruch des Zweiten Weltkrieges begann ein Völkermord, wie die Welt ihn selten, unser Volk nie erlebt hatte.

Alle haben davon gewußt. Auch wir. Denn niemandem konnten die Drangsale und Schikanen verborgen bleiben, und jedermann wußte über erschütternde Schicksale zu berichten. Der jüdische Kinderarzt meines Mannes zum Beispiel, Dr. Nordheim, gleichermaßen beliebt bei Eltern wie Kindern, konnte diese Drangsal nicht ertragen. Er fuhr mit seiner Frau in den Sachsenwald bei Hamburg hinaus, erschoß seine Frau, bedeckte ihren Körper mit Laub – der letzte Liebesdienst, den er ihr erweisen konnte – und erschoß sich schließlich selbst. Wie schwer muß dieses Paar an Verfolgung und Diskriminierung gelitten haben, daß es sich zu einer solchen Verzweiflungstat treiben ließ. Hatte eine junge Frau eine Liebschaft mit einem Juden, einem Nicht-Arier, wie sie verächtlich bezeichnet wurden, so wurde sie der »Rassenschande« bezichtigt. Man trieb sie auf den Marktplatz ihres Heimatortes, hängte ihr ein Schild mit der Aufschrift »Ich bin am Ort das größte Schwein, ich ließ mich mit einem Juden ein« um den Hals und gab sie so der öffentlichen Schande preis.

Im November 1938 wurde in Paris der Diplomat vom Rath von einem Juden erschossen. Das nahmen die Nazis zum Anlaß, ihre Schlägertruppen von SA und SS zu mobilisieren. Sie wurden auf die jüdischen Geschäfte und Einrichtungen losgelassen und zertrümmerten in einer Nacht in ganz Deutschland unschätzbare Vermögenswerte. Verniedlichend nannte man diesen Vandalismus »Reichskristallnacht«.

Die Versicherungen mußten den Schaden bezahlen, aber nicht etwa an die Geschädigten. Mitnichten! Der Staat kassierte diese Gelder. Eine Milliarde Mark mußten die deutschen Juden an den Staat zahlen.

Die Vorschriften und Beschränkungen gingen bis in den persönlichen Bereich. Freiheit? Die gab es nicht mehr. In Lokalen hingen beispielsweise Schilder, auf denen stand: »Die deutsche Frau raucht nicht!« Tat sie es doch, wurde sie nicht selten des Lokals verwiesen. Der Volksmund wandelte diesen Spruch ab: »Die deutsche Frau raucht nicht. Deutsche Frau, prieme!« Mit hohlen Phrasen und salbungsvollen Sprüchen versuchte das Regime, den Menschen die zunehmenden Beschränkungen schmackhaft zu machen. Dabei verfiel die Propaganda auf Sätze wie:

»Freisein heißt nicht das freudig tun, was man will, sondern das willig vollbringen, was man soll.«

Die Unfreiheit war der Preis dafür, daß es der Mehrzahl nun endlich wieder gutging, und die meisten zahlten ihn willig. Keiner brauchte mehr zu hungern oder zu frieren. Die Arbeitslosen verschwanden in der bald gigantischen Rüstungsindustrie, beim Bau der Autobahnen, im Arbeitsdienst. Die Reichswehr wurde zur größten Armee Europas aufgerüstet, die Offiziere machten Karriere, und selbst in sozialistischen Arbeiterkreisen wurde gewitzelt, unter Hitler habe man wenigstens nicht mehr die Freiheit zu verhungern.

Nur nicht nach links, nicht nach rechts schauen, wo die Verbrechen an den Regimegegnern begangen wurden.

Jeder, der hören wollte, konnte von ihnen hören. Doch war es viel bequemer und risikoloser, mit Scheuklappen vor den Augen seinen eigenen Erfolgsweg zu gehen. In dieser Zeit wuchs ich heran. Als ich dreizehn, vierzehn, fünfzehn Jahre alt war, fand ich alles noch sehr schön. Als Kind hörte ich damals ja nur, daß es jetzt endlich wieder bergauf gehe. Man galt wieder etwas als Deutscher, nach dem verlorenen Ersten Weltkrieg, nach Inflation, Depression und Parteienwirtschaft, die nichts erreicht hatte als Hader untereinander. Damit war es endlich vorbei. Konzentrationslager? Wenn einer davon erzählte, pflegte man abzuwiegeln. So schlimm sei es auch wieder nicht, und manchem täte die robuste Behandlung dort ganz gut. Schnell war ein markiges Wort, das entschuldigen sollte, zur Hand: »Wo gehobelt wird, da fallen Späne.« Und wenn dann doch etwas von den Verbrechen ruchbar wurde, seufzte man: »Wenn das der Führer wüßte!« Und ob er es gewußt hat!

Jugend im Zweiten Weltkrieg

Sechzehn Jahre war ich alt, als am 1. September 1939 einer der entsetzlichsten aller Kriege, der Zweite Weltkrieg, seinen blutigen Anfang nahm. Man hatte mir erzählt, daß bei Ausbruch des Ersten Weltkrieges 1914 die Soldaten mit Begeisterung, mit Gesang und Blumensträußen in der Gewehrmündung ins Feld gezogen seien. 1939 war das anders. Begeisterung? Ich habe sie nicht bemerkt.

1934 hatte meine Mutter wieder geheiratet. Kurz vor Ausbruch des Krieges bezogen wir ein neugebautes Haus in Köln-Junkersdorf. Mein Stiefvater von Saint Paul wurde wie viele andere zum Militär eingezogen. Da man ihm im Ersten Weltkrieg die Füße zerschossen hatte, konnte er keine Kommißstiefel, sondern nur Strümpfe und Halbschuhe tragen. Man nannte ihn deshalb den »Sockenpaul«.

Die Nazis hatten den Krieg begonnen, ohne Not und Zwang, mal eben so, mutwillig, nachdem sie ohnehin erreicht hatten, daß Deutschland immer größer geworden war, Österreich ans Reich angeschlossen war, das Sudetenland, Böhmen und Mähren erobert worden waren – und das alles, ohne daß ein Schuß hatte abgegeben werden müssen. Es wurde heimgeführt, angegliedert, eingegliedert, annektiert, erobert, und Europa sah zu.

Das Dritte, das »Großdeutsche Reich«, war größer und größer geworden, doch mit jedem Erfolg wuchs der Appetit der Machthaber auf weitere Eroberungen. Wer Hitlers Buch »Mein Kampf« gelesen hatte, das dieser bereits in der Landsberger Haft 1923 geschrieben hatte, der wußte, was nun kommen mußte. Alles, was geschah, war in diesem Buch angekündigt worden. Doch hatten es anscheinend nicht allzuviele gelesen, obwohl jedes Hochzeitspaar bei seiner Eheschließung auf dem Standesamt ein Exemplar ausgehändigt bekam. Aber auch von denen, die es gelesen hatten, glaubte kaum einer, daß Hitler, zum Staatsmann gereift, versuchen würde, seine in »Mein Kampf« angekündigten Phantastereien in die Tat umzusetzen. Doch war ihm und seiner Partei bis zum September 1939 alles geglückt, so vollständig, daß Hitler und die Männer, die ihn umgaben, die Grenzen des Möglichen und Erreichbaren nicht mehr erkannten.

So nahm das Unglück seinen Lauf. Wieder schien Hitler alles zu gelingen. Polen wurde erobert, gemeinsam mit Rußland aufgeteilt, mit dem vorher ein Pakt geschlossen worden war. Dänemark, Norwegen, Holland, Belgien, Frankreich, der Balkan folgten. Doch das war immer noch nicht genug. Siedlungsland im Osten wollte man haben. Das ebenso törichte wie eingängige Schlagwort vom »Volk ohne Raum« beherrschte die Propagandaszene. Die Ukraine betrachtete Hitler als das gegebene Kolonisationsland – auch dies nachzulesen in »Mein Kampf«. Wen kümmerte das mit Stalins Rußland geschlossene Abkommen? Es war, wie die meisten Verträge Hitlers, das Papier nicht wert, auf dem es geschrieben stand. Aber noch waren die deutschen Armeen erfolgreich, Sieg reihte sich an Sieg, von Fanfarenstößen angekündigt, jagte im Rundfunk eine Sondermeldung die andere, und die überwältigende Mehrheit des deutschen Volkes jubelte ihrem »Führer« zu, und selbst jene, die seine Bewegung ablehnten, mußten sich fragen, ob es nicht doch die immer wieder beschworene Vorsehung war, die hinter den schier unglaublichen Erfolgen dieses Mannes stand. »Größter Feldherr aller Zeiten«, so nannten ihn seine Bewunderer. Als »GRÖFAZ« verspotteten ihn seine wenigen Gegner.

Unter völliger Mißachtung des Hitler-Stalin-Paktes marschierten am 22. Juni 1941 die deutschen Armeen in Rußland ein. Es war dies der Anfang vom grausamen Ende. Mit diesem Überfall begann für Deutschland der unaufhaltsame Weg in die Niederlage. Sämtliche Reserven wurden nun für den Krieg mobilisiert. Es dauerte nicht lange, und es kamen Gesetze heraus, nach denen keiner, ob Mann oder Frau, Jüngling oder Mädchen, müßig abseits stehen durfte. Jeder wurde eingespannt in den, wie man es nannte, »Schicksalskampf des deutschen Volkes«. Die Betriebe wurden nach fronttauglichen Männern durchkämmt, an ihre Stelle traten »Nichtverwendungsfähige« und Frauen. »Kriegsdienstverpflichtet« hieß dies. Die deutsche Frau unterstand dabei einer kaum weniger strengen Disziplin als die Soldaten im Feld. Denn die Parteigenossen achteten eisern auf Sitte und Moral. Wehe dem, der sich der Ehefrau eines im Felde stehenden Soldaten näherte, mit ihr eine Liebschaft begann. Der deutsche Landser sollte schließlich das feste Vertrauen, die unumstößliche Sicherheit haben, daß seine Mutti zu Hause ihm all die Monate und Jahre, die er fern der Heimat war, treu ergeben blieb. Denn auch auf diese Weise steigerte man die Kampfmoral der Wehrmacht.

Auch die jungen Mädchen durften nicht mehr friedlich zu Hause sitzen. Sie wurden zu den Bauern aufs Land geschickt, um dort zu arbeiten und zu helfen, die an der Front stehenden Männer zu ersetzen. Es mußte schließlich gesät und geerntet werden wie vorher, nur möglichst noch mehr. Die Armeen mußten mit Lebensmitteln versorgt werden.

Natürlich ging diese Zeit, dieses Geschehen auch an mir nicht ohne Folgen vorüber. Meiner Natur nach war ich von einer unbändigen Lebenslust beseelt. Ich wollte mein Leben genießen, Freude haben, wo sie sich mir bot. Ich wollte ganz einfach leben, und so waren mir die Phrasen der Machthaber, die immer nur Pflichterfüllung und Verzicht forderten, und der Krieg von Herzen zuwider. Aber das war eigentlich nicht Grund genug für meinen abgrundtiefen Abscheu gegen das nationalsozialistische System, die »Bewegung«. Auch mein Elternhaus war nicht antinationalsozialistisch. Mit meiner Mutter, die politisch mehr indifferent und ein wenig opportunistisch war, verband mich von frühester Jugend an eine tiefe, in meinem Innersten fest verankerte Bindung, die bis zu ihrem Tode bestehen blieb. Eine solche habe ich zu meinem Stiefvater nie gehabt.

Das erste Erwachen meiner antinationalsozialistischen Empfindungen verursachte ein eher zufälliges Erlebnis, das in mir den tiefsten Eindruck hinterließ: Ich fuhr mit der Straßenbahn zur Schule und hatte einen Sitzplatz ergattert. An einer Station stieg ein altes Mütterchen ein, bekleidet mit einem abgetragenen Pelzmantel. Ich sehe sie heute noch vor mir, als sei sie mir erst vor einer

Stunde begegnet. Ihrem Gesichtsschnitt sah man es an: eine Jüdin!

Dazu erzogen, alten Menschen meinen Platz anzubieten, stand ich auf, damit sich die alte Frau setzen konnte. Da kam drohend der Schaffner auf mich zu und packte mich am Kragen, um mich auf meinen Platz zurückzustoßen. »Diesem Judenpack machst du gefälligst keinen Platz!«

An der nächsten Station stürzte ich aus dem Straßenbahnwagen, ließ Schule Schule sein und fuhr mit der nächsten Bahn wieder nach Hause zurück, um meiner Mutter voll innerster Empörung das Geschehen zu berichten. Hinzu kam, daß ich sehr frei aufgewachsen bin. Von Kindheit an hatte ich eine tiefe Abneigung gegen jeglichen Zwang, jeden Befehl. Zu Hitlers Zeiten nahm der Zwang nun aber von Monat zu Monat zu. Ich konnte mich nicht anpassen. Ich habe es nie gekonnt. Was ich meinte, was ich dachte, mußte ich ungehemmt sagen. Ich war wie ein Wasserkessel, gefüllt mit kochendem Wasser. Entweder man ließ den Dampf entweichen, oder es wäre zu einer Explosion gekommen. Eine schwierige Veranlagung, zu jeder Zeit. Damals war sie lebensgefährlich.

Die Ekstase der Menschen bei den politischen Auftritten, namentlich der Frauen, war mir besonders unerträglich. Einmal war Hitler nach Köln gekommen. Als er auf seinem Hotelbalkon nicht erschien, skandierten auf den Domplatz abkommandierte Schulklassen:

»Lieber Führer komm doch bald, sonst werden uns die Füße kalt.«

Ich war unter ihnen.

Als Hitler sich dann über das Balkongeländer beugte,

um sich den Massen zu zeigen, brach alles in eine Massenhysterie aus, die sich in einem entfesselten »Heil – mein Führer! Heil! Heil! Sieg Heil!«-Geschrei entlud. Wenn seine Stimme im Radio meist geifernd ertönte, schauderte es mich. Ich steigerte mich allmählich in eine leidenschaftliche Ablehnung des Systems und der außer Rand und Band geratenen Massen hinein. Alle Schichten des Volkes gehörten dazu. Ekel und Abneigung begannen dabei zunächst nur unterschwellig anzuwachsen, um bei meiner extrovertierten Veranlagung nur zu bald nach außen zu dringen, ungehemmt und unkontrolliert.

Ich will kein Nazi sein!

Nach Ausbruch des Krieges mußten, wie gesagt, alle Mädchen bei Beendigung ihrer Schulausbildung und alle Frauen, sofern sie keine Kinder großzuziehen hatten, einem Beruf nachgehen. Sie hatten sich eine Tätigkeit zu suchen in der Rüstungsindustrie, in kinderreichen Familien, in der Landwirtschaft. Diese Verpflichtung ging auch an mir nicht vorüber. Es fiel mir nicht schwer, war mir nicht einmal lästig, das Elternhaus zu verlassen und einer Arbeit nachzugehen, begann damit doch eine gewisse Selbständigkeit.

Bei der mir angeborenen Unbeständigkeit und Unruhe war es fast zwangsläufig, daß ich in den ersten Kriegsjahren verschiedene Tätigkeiten ausübte. Ich begann mit der Arbeit in der Gärtnerei Steinmeier in Köln-Junkersdorf, nicht weit vom Haus meiner Eltern entfernt. Ich konnte zunächst also in meinem Elternhaus weiter wohnen. Hier lernte ich einen Herrn Saarbach kennen, was prägend für meine weitere geistige Entwicklung wurde. Mit einem Kugelkopf, vollem ergrautem Haar, buschigen Augenbrauen und stämmigem, untersetztem Körperbau entsprach er nicht gerade dem damaligen Schönheitsideal. Herr Saarbach hatte einen Zeitschriftengroßhandel in Köln besessen. Er war Jude. Infolgedessen durfte er seine Firma nicht weiter betreiben. Um

das Notwendigste für den Lebensunterhalt zu verdie-
nen, arbeitete er als Gärtner bei Steinmeier.

In ihm fand ich eine verwandte Seele. Daß er ein Gegner des Regimes war, verstand sich von selbst. Unge-
zählte Unterhaltungen bei der Arbeit steigerten auch
meine eigene ablehnende Einstellung gegen das nationalsozialistische System. Meine innere Opposition
wuchs unaufhörlich.

Herr Steinmeier hatte einen kleinen in der Nähe gelegenen Zweigbetrieb, und er ernannte den tüchtigen Herrn
Saarbach zum dortigen Filialleiter. Ein polnischer
Kriegsgefangener und ich wurden ihm als Hilfskräfte
zugeteilt.

Es war ein lustiges Leben, und wir bildeten ein vergnüg-
tes Team. Saarbach hatte den »Völkischen Beobachter«,
die offizielle NS-Zeitung, abonniert, der morgens,
wenn wir dort ankamen, im Gartengitter steckte. In unserem kleinen Aufenthaltsraum, mehr eine Rumpel-
kammer mit einem Kanonenofen, setzte er sich zu Beginn der Arbeitszeit auf einen Stuhl und studierte die
neuesten Parteinachrichten und was aus NS-Sicht Inter-
essantes in der Welt geschehen war, alles schön mit nationalsozialistischen Phrasen verziert. Mit bissig-ironi-
schen Kommentaren versehen, berichtete er mir dann
später, was er Erwähnenswertes gelesen hatte.

Zur Konfirmation hatte ich von einer Tante ein großes
Hitlerbild im silbernen Filigranrahmen geschenkt bekommen. Ich brachte es mit und hängte es an die Wand
unserer Bude. Jeden Morgen pflegten wir nunmehr in
strammer Haltung dem Bild ein »Heil Hitler« entgegen-
zuschmettern, um anschließend in höhnisches Geläch-
ter auszubrechen.

Saarbach fand bei mir mit seinen antinationalsozialistischen Bemerkungen ein nur allzu offenes Ohr. Bereitwilligst übernahm ich seine Gedankengänge, seine Ablehnung des NS-Rassenwahns mit seiner unmenschlichen Judenverfolgung. Damals wurde meine politische Einstellung entscheidend geprägt. Ich war siebzehn Jahre alt, allem offen und so formbar, wie man es in diesem Alter zu sein pflegt.

Die Bekanntschaft mit Saarbach habe ich nie bereut und es nach dem Krieg sehr bedauert, daß diese aus mir unerfindlichen Gründen nicht fortgesetzt wurde.

Nach einigen Monaten trieb mich meine Unrast fort von zu Hause, fort von der Gärtnerei Steinmeier und damit auch von meinem neugewonnenen Freund Saarbach. Meine Mutter, der ich das Leben nicht gerade einfach machte, fand eine neue Tätigkeit für mich. Ich ging nach Kiel-Steenbeck, um dort in der staatlichen Geflügelzucht-Lehranstalt Geflügelzucht zu lernen.

Auch dieses Intermezzo dauerte nur ein paar Monate. Ich bekam dort den Besuch eines entfernten Vetters, Johann von Buddenbrook, der als Matrose Dienst in der Kriegsmarine tat. Ihn führte ich, nichts Böses ahnend, eines Abends in mein Zimmer, um mich ungestört mit ihm unterhalten zu können.

Er war alles andere als umwerfend und stellte meine Tugend weiß Gott auf keine allzu schwere Probe. Dennoch gab es Krach. Ein Brief voll moralischer Entrüstung erging seitens der Anstaltsleitung an meine Mutter, und diese, wütend ob des ihrer geliebten Tochter angetanen Unrechts, rief mich spornstreichs aus dieser Geflügelausbildung zurück.

In diese Zeit fiel ein spektakuläres, abenteuerliches Ereignis, das die Welt erstaunen ließ. Rudolf Heß, der Stellvertreter Adolf Hitlers, war heimlich mit einem Flugzeug nach Schottland geflogen und dort mit einem Fallschirm abgesprungen, um in Großbritannien gleichsam als vom Himmel gefallener Engel mit Hilfe einiger Freunde, die er dort zu haben wähnte, Frieden zwischen Großbritannien und Deutschland zu stiften. Doch er wanderte bis Kriegsende in den Londoner Tower, wo das Königreich seit Jahrhunderten seine Staatsgefangenen aufzubewahren pflegte, um sie gelegentlich auch dem Beil des Henkers zu überantworten. Dieses Schicksal blieb Heß zwar erspart, aber auch ihn ereilte nach dem Krieg sein verdientes Los. Er wurde in Nürnberg zu lebenslanger Haft verurteilt.

Nunmehr kam ich nach Schlesien auf das Gut eines Grafen Kospott. Bei meiner Ankunft war er gerade einem vierzehntägigen Gefängnisaufenthalt entronnen. Er hatte sich nämlich mit lockerem Mundwerk mit den NS-Machthabern angelegt, was ihm diese Gefängnisstrafe eintrug. Ich hatte wieder eine verwandte Seele gefunden.

Als ich allerdings eines Abends vergaß, Puten-Küken in den Stall zu treiben – eine meiner Aufgaben – und sie infolge des nachts einsetzenden Regens ihr Leben aushauchten, da Regen nun einmal ihrer Gesundheit abträglich ist, war auch bei dem von mir sehr geschätzten Grafen Kospott meines Bleibens nicht länger.

Von Kospott aus plante ich einen mehrtägigen Besuch bei Verwandten meines Stiefvaters, die in der Nähe ansässig waren. Zu meinem Schrecken kam mir mein Onkel vor dem Haus mit einem lauten »Heil Hitler!« entgegen. Mit denselben Grußworten begrüßte mich meine Tante im Haus. Den Höhepunkt bildete dann der Dackel dieser wackeren NS-Kämpen, der sich auf Befehl auf sein Hinterteil setzte und die rechte Pfote zum sogenannten »deutschen Gruß« erhob.

Als ich des Abends dann einen politischen Witz zum besten gab, bedeutete mir mein Onkel energisch und unüberhörbar, in seinem Haus gäbe es keine Witze auf Kosten unseres geliebten Führers. Am nächsten Morgen zog ich es daher vor, dieses gastliche Haus des »deutschen Grußes« zu verlassen. In einer derart linientreuen Umgebung fühlte ich mich denn doch zu unwohl.

Man kann es sich heute kaum mehr vorstellen, daß die überwältigende Mehrheit eines Volkes von über sechzig Millionen dazu gebracht werden konnte, sich freudig – die Frauen mit feuchten Augen, die Männer markig und mit kurzgeschorenen Haaren – mit diesen albernen Worten, dieser törichten Geste zu begrüßen. Und das nicht nur in der Öffentlichkeit, nein, auch im intimen Kreis der Familie, wie es im Haus meines Onkels geschah. Wer sich in der Öffentlichkeit weigerte, »Heil Hitler« zu schreien, machte sich verdächtig und riskierte, vor die Gestapo zitiert zu werden.

Ein kurzes Gastspiel gab ich dann bei einer Frau von Diest in Kitzbühel. Ihr Mann war im Feld vermißt, sie lebte mit ihrer Mutter zusammen. Als sie anfingen, sich unter dem Tisch mit den Füßen Signale zu geben, sobald ich meine mokanten Bemerkungen über die Nationalsozialisten machte, hielt mich auch dort nichts länger. Ich packte meine Koffer und verließ diese Stätte meines sehr kurzfristigen Wirkens. Nach einem ebenfalls nur kurzen Aufenthalt bei einer Familie Graf Schlieffen in Berlin, aus deren Schoß mich eine schmerzhafte Ge-

sichtsrose mit hohem Fieber riß, ging ich nach Berchtes-
gaden zu einer Frau von der Forst. Ihr Mann war Mari-
neoffizier und Kommandant der Hitleryacht »Aviso
Grille«. Eines Tages erschien der spätere Großadmiral
von Dönitz und für wenige Tage nach Hitlers Tod dessen designierter Nachfolger zum Tee. Er war mir unsympathisch. Vielleicht fand ich ihn zu nazistisch, zackig,
stocksteif und hager. Er behandelte mich von oben
herab, was ich gar nicht vertragen konnte. Lange hielt
ich es auch hier nicht aus. Ich fühlte mich in diesem
doch recht militärisch strukturierten Haushalt nicht
wohl.

Als Bereiterin in Demmin

Wohin jetzt? Eine Arbeit, gleich welcher Art, mußte nun einmal ausgeübt werden. Und meine Mutter fand auch etwas, das mir in jeder Beziehung gefiel und Freude machte. Aus der Zeit ihrer Aktivitäten im Reitsport – sie war eine nicht untalentierte Dressurreiterin – hatte sie Verbindungen zu Kavallerie-Offizieren. Unter diesen kannte sie den Obersten Berger, Kommandeur der Wehrkreis-Reit- und Fahrschule II Demmin in Pommern, und ebenfalls dessen Nachfolger Oberst Andreae.

Jahre später erzählte man mir, bei Kriegsende habe man diesen nackt auf einen russischen Panzer gesetzt und durch Demmin gefahren, wobei er ums Leben gekommen sei.

Dorthin also kam ich 1944. Zusammen mit etwa zwanzig weiteren Mädchen und jungen Frauen wurde ich Bereiterin von Remonten. Meiner großen Passion für die Pferde konnte ich mich hier voll und ganz hingeben. Wir hatten den Dienstgrad eines Unteroffiziers, ohne Uniform zu tragen. Diese wurde für die Bereiterinnen erst nach meiner Verhaftung eingeführt. Von besonderer Bedeutung für mich in dem dramatischen Geschehen dieses Jahres waren der Major Hans Viktor von Salviati, Chef von uns Amazonen, und die Bereiterin Barbara

Sensfuß, die Tochter eines Generals der Wehrmacht, die sich bald darauf mit Salviati verlobt hat. Zu der geplanten Heirat kam es jedoch nicht mehr. Dazu kamen Fräulein Törber, Marga Gräfin Seckendorf und ein Fräulein Dietz. Gräfin Seckendorf war eine geborene Marga Ficht, eine frühere Zirkusreiterin, die einmal mit einem Grafen Seckendorf verheiratet gewesen war, der freilich nach kurzer Zeit der Ehe schleunigst das Weite gesucht hatte. Die Arbeit dort, das Bereiten junger, noch nicht gerittener Pferde, machte mir jedenfalls größte Freude und bereitete mir täglich mehr Befriedigung. Auch unser Alltag gestaltete sich durchaus angenehm, nachdem ich im April dort angekommen war. Als erste der neu eingestellten Bereiterinnen brachte mir mein frühes Erscheinen manchen Vorteil. Weibliche Wesen waren bis dahin in der Reitschule völlig unbekannt und in dieser Männerwelt auch unvorstellbar gewesen. Wie ein bunter Papagei inmitten einer Schar grauer Spatzen kam ich mir dort vor, von allen als eine Art Fabelwesen bestaunt. Schnell hatte ich mir einige Vorrechte gesichert, die ich mir für die Zeit meines Aufenthaltes bewahren konnte. Ich mußte nicht in der Kaserne wohnen, sondern hatte mein Privatquartier bei einem Offiziersehepaar, wo ich in voller Verpflegung stand und somit nicht auf das Kantinenessen angewiesen war. Nach dem Mittagessen konnte ich mich im Offizierskasino aufhalten, solange die Freizeit andauerte, Zeitung lesen, mich mit den Offizieren unterhalten und ähnliches mehr.

Dieses Vorrecht erwarben dann ebenfalls die einige Tage später angekommenen Bereiterinnen Barbara Sensfuß und Fräulein Törber. Genau wir drei wurden

Ende Juli verhaftet. Neid und Mißgunst waren Anlaß und Ursache.

Um sechs Uhr stand ich auf, frühstückte, um anschlie-ßend zur Kaserne, zu den Stallungen zu radeln. Mit dem Stalldienst begann die tägliche Arbeit, also mit der Pfer-depflege, der Reinigung des Sattelzeugs und der Stal-lungen. Wir Bereiterinnen hatten uns zusammen mit den männlichen Bereitern jeweils um einen Beritt zu kümmern, der aus etwa sechs Remonten bestand. Re-monten waren unberittene, drei bis vier Jahre alte Pferde, die alljährlich von Gestüten und Pferdezüch-tern in ganz Deutschland für die Wehrmacht aufgekauft und auf die verschiedenen Wehr-Kreis-Reit- und Fahr-schulen aufgeteilt wurden.

Für meinen Beritt war ich verantwortlich. Wenn des Morgens ein Offizier, meistens unser Major von Sal-viati, die Stallungen besichtigte, hatte ich zu melden, ob der Beritt in Ordnung sei, die Pferde gesund wären oder ob besondere Vorkommnisse vorlägen.

Bereiterinnen und Bereiter hatten jeden Vormittag die Pferde einzureiten, nachdem sie zunächst an unserer Hand an Sattel und Zaumzeug gewöhnt worden waren. Schritt, Trab, Galopp und später Springen lösten einan-der ab. Auch was zur einfachen Pferdedressur gehörte, wurde unseren vierbeinigen Freunden beigebracht, damit auch sie ihren Beitrag zur Verteidigung des Groß-deutschen Reiches und seiner vielen Eroberungen lei-sten konnten. Die Front erwartete diese armen Kreatu-ren, die ebenso wenig wie der Soldat gefragt wurden, ob sie wollten oder nicht. Entbehrung, Qual und oft der Tod standen ihnen bevor.

Nachmittags lernten wir und die Pferde das Fahren mit

Burg Zieverich

2 *Herrenzimmer auf Burg Zieverich*

3 *Die Wassermühle in Zieverich*

einem Gespann. Neben uns ein Bereiter, fuhren wir zwei-, vier- und sechsspännig. Das vier- und sechsspännige Fahren nahmen uns die Bereiter – Unteroffiziere oder Wachtmeister – ab, da wir hierfür nicht die erforderliche Kraft in Händen und Armen besaßen. Abspannen, Reinigung der Gespanne und Putzen der Pferde beendeten unseren täglichen Dienst.

Ich ging dann in mein Quartier, aß, verabredete mich vorher mit anderen Bereiterinnen, lieber noch mit mir vom Dienst her bekannten Angehörigen der Reit- und Fahrschule. Sogar das Skatspielen lernte ich damals. Eine lustige Runde von Unteroffizieren brachte es mir bei, und wir haben manchen vergnügten Abend damit verbracht. Bisweilen blätterte ich auch im Telefonbuch von Demmin und Umgebung auf der Suche nach Namen von Familien, die meine Mutter vielleicht kannte.

Das Gestüt Zieverich und damit meine Mutter waren bei allen Landleuten und Gutsbesitzern recht bekannt. Einige Verbindungen konnte ich auf diese Weise anknüpfen, Besuche machen und mir so manche willkommene Abwechslung verschaffen. Des öfteren war ich bei Mimusch von Langen, der Witwe des vor etlichen Jahren tödlich gestürzten berühmten deutschen Reiters Freiherr von Langen, der 1928 die Olympiade in Amsterdam gewonnen hatte.

Ich gebe zu, ich war nach Kräften bemüht, mir das Leben dort so angenehm wie möglich zu machen. Ich war einundzwanzig Jahre alt, voller Temperament und Lebenslust und versuchte, meinen Lebensumständen und den Demminer Verhältnissen das Beste abzugewinnen.

Die Reitschule beschäftigte auch eine größere Anzahl russischer Kriegsgefangener, die vorwiegend für den Stalldienst eingeteilt waren. Für mich waren sie natürlich keine Untermenschen, wie die NS-Propaganda unserem vermeintlichen Volk von Herrenmenschen weiszumachen versuchte. Für mich waren es vielmehr arme Kerle, deren bedauernswertes Schicksal es war, in deutsche Gefangenschaft geraten zu sein, und dies in einem grausamen Krieg, den ihr Land nicht verursacht hatte. Jeder Kontakt zu ihnen war uns streng verboten. Doch wieder einmal meinte ich, daß das, was für andere galt, für mich keine Gültigkeit besäße. Ich unterhielt mich mit ihnen, gab ihnen den größten Teil meiner Brotration, die für mich viel zu üppig war, brachte ihnen von meinem warmen Essen, erzählte ihnen vom Kriegsgeschehen. Alles, vor allem letzteres, galt als Kapitalverbrechen. Zu allem Überfluß hatte ich ihnen auf einem Pferderücken den ungefähren damaligen Frontverlauf aufgezeichnet. Eine mißgünstige nazistische Mitbereiterin muß es beobachtet und mich später denunziert haben, denn es wurde einer der Hauptbelastungspunkte meiner späteren Anklage.

Die russischen Gefangenen hatten große Furcht vor dem Herannahen der russischen Armeen und einer folgenden strengen Bestrafung – Einkerkerung oder Verbannung nach Sibirien, wenn nicht sogar Schlimmeres – wegen Feigheit vor dem Feinde, weil sie sich hatten gefangennehmen lassen, statt bis zum letzten Atemzug zu kämpfen. Ich meine, nach einem Friedensschluß wären sie am liebsten im freien Westen geblieben.

Besonders zwei Russen hatten sich mir angeschlossen und verschafften mir wiederum eine Sonderstellung.

Wenn ich morgens – auch meistens später als die anderen – zum Frühdienst erschien, hatten mir meine beiden russischen Freunde bereits einen großen Teil der Arbeit abgenommen. Die Pferde waren geputzt, gesattelt, so daß ich mich nur noch hinaufzuschwingen hatte. Sie hatten sich dabei angewöhnt, Haltung anzunehmen und mich mit der Hand an der Mütze militärisch zu begrüßen: »Morgen, Malinki Baroneß!«

Das alles war natürlich nicht geschickt von mir, und ich mußte später bitter dafür büßen. Es war mir zu keiner Minute klar, daß ich damit Neid und Mißgunst züchtete, die Ursache kommenden Unheils. Ich redete flott und ungehemmt daher, was mir in den Sinn kam. In einer Zeit zunehmenden Staatsterrors war das lebensgefährlich. Wie oft haben mich meine Freunde gewarnt: »Margot, halte um Gottes willen deinen Mund!« Es war vergebliche Liebesmühe. Was ich für richtig hielt, mußte richtig, was mir falsch erschien, hatte falsch zu sein. Was meine Meinung war, mußte ich vor allen Wohl- oder Übelwollenden lauthals verkünden. Es wäre mir nie in den Sinn gekommen, daß ich damit etwas Gefährliches, Verbotenes, Schlechtes tat oder gar eine Straftat beging. Doch darin hatte ich mich getäuscht.

Lose Reden und ihre Folgen

Inzwischen hatte sich das Kriegsglück gewendet. Vorbei war es mit den Siegen, den schmetternden Fanfarenstößen, den triumphierenden Sondermeldungen im Rundfunk. Keine Länder wurden mehr erobert, keine Kesselschlachten mit Hunderttausenden von Gefangenen geschlagen, viel, viel seltener erklang die Sondermeldungsfanfare, bestenfalls wenn durch U-Boote feindliche Schiffe versenkt, durch deutsche Jagdflieger gegnerische Maschinen abgeschossen worden waren. Statt von Vormärschen und Siegen war von Rückzügen und Niederlagen die Rede. Die propagandistische Siegeseuphorie wich Durchhalteparolen. Stalingrad, der große Wendepunkt im russischen Krieg, war in einer gigantischen Kesselschlacht verlorengegangen. Zum ersten Mal in diesem Krieg hatten deutsche Armeen kapitulieren, sich dem Feind ergeben müssen.

Doch ein paar hunderttausend Tote mehr oder weniger spielten für den »Führer« keine Rolle. Wie hatte er in seinem Buch »Mein Kampf« doch geschrieben? »Ein Volk, das dem Adlerflug eines heroischen Führers nicht zu folgen bereit ist, möge dem Untergang geweiht sein.« Und nun hatte der schreckliche Todeskampf der Nazidiktatur, Adolf Hitlers und seiner Clique, begonnen. Bald sollten wir hören: »Wenn wir die Tür hinter uns zuwerfen, soll die Welt erzittern.«

Ein Phänomen war die Stimmung der Bevölkerung. Man hätte Verdrossenheit, ja Überdruß erwarten können. Mitnichten. Nicht einmal nach fünf langen Kriegsjahren übervoll an Entbehrungen, ständig wachsender Not, kaum zählbaren gefallenen deutschen Soldaten, von denen jeder nichts anderes wollte als leben, wie es jede Kreatur will: leben. Nur leben. Jeder Tod verursachte tiefe Trauer bei den Angehörigen, der Frau, den Eltern, den Kindern, der Geliebten, und das millionenfach.

Doch nichts konnte die große Masse des deutschen Volkes wankend machen in ihrer nur verblendet zu nennenden Liebe zu ihrem »Führer«. Nicht die Millionen von Toten, die so oft in dem Wahn den Tod erlitten, für ein gutes Ziel, für Führer, Volk und Vaterland ihr Leben zu opfern. Auch nicht die Entbehrungen, die Bombenangriffe der amerikanischen und britischen Bomberflotten auf deutsche Städte. Nichts, rein gar nichts.

Ach Gott, was mußte denn noch geschehen, dem Volk die Augen zu öffnen, es erkennen zu lassen, wohin die großen Volksverführer dieses doch gute, kulturschaffende, geschichtsprägende, gefühlvolle Volk zu treiben drohten. Es ist kaum zu verstehen. Eine diabolische Propaganda hielt dieses Volk in seinen Klauen, eine Propaganda, der es dank der wohltönenden Phrasen des Großdemagogen Goebbels tatsächlich gelang, ein ganzes Volk so zu beeinflussen, daß alles Elend dieser Welt es nicht schwankend, nicht einmal kritisch machen konnte. Es glaubte in einer kindlichen Naivität an den »Endsieg«, an versprochene Wunderwaffen des Füh-

rers, die bald, in allernächster Zukunft, die große
Wende des Krieges bringen sollten. So begannen die
letzten Kriegsmonate in einem sich ständig steigernden
Inferno der Raserei. Hitler, der Zauberlehrling – er
wurde die Geister, die er rief, nicht mehr los.
Und mitten in dieser Hölle: ich, als einundzwanzigjähri-
ges Mädchen in dem noch friedlichen Demmin, manche
Dinge wissend, viele ahnend, angefüllt mit Ekel gegen
dieses verbrecherische System und versehen mit einem
flotten, frechen Mundwerk. Als lebten wir im tiefsten
Frieden, als gäbe es keine Denunziation, keine Gestapo
und keine KZ, rieb ich jedem meine Meinung unter die
Nase. Was auch immer geschehen mochte, was ich
dachte und empfand, mußte ich loswerden, mußte ich
äußern, mußte ich allen um mich herum mitteilen.
»Margot, halte doch um Gottes willen deinen Mund!«
Ich konnte es nicht, ich mußte so leben, wie ich geschaffen, wie ich veranlagt war. Wohin es mich führen
würde? Ich konnte es mir nicht vorstellen. Mein Unheil
nahte, wie es kommen mußte.
So vergingen der Juni und die ersten neunzehn Tage des
Juli 1944. Ich war in keiner Clique. Ich verabredete
mich einmal hier, einmal dort mit Soldaten, Unteroffizieren, mit denen ich Skat spielte, mit Offizieren, gelegentlich auch mit unserem Amazonenchef Salviati, dessen Schwester mit dem zu Beginn des Krieges gefallenen ältesten Sohn des Hohenzollern-Kronprinzen Wil-
helm verheiratet gewesen war.
Bei Mimusch von Langen hatte ich einen jungen Flie-
gerleutnant kennengelernt, der mich Mitte Juli zu
einem Besuch des Fliegerhorstes Tutow einlud. Tutow
lag in der Nähe Demmins. Es wurde ein feucht-fröhli-

ches Unternehmen, und in vorgerückter Stunde holte man ein Hitlerbild herbei, wie es in jeder Kaserne, jeder Dienststube des Großdeutschen Reiches zu hängen hatte. Es wurde aufgestellt und, man höre und staune, mit Eiern beworfen – ein in jener Zeit gewiß seltenes Unterfangen.

Ein Leutnant kam dann mit einem Kartenspiel und begann den Umstehenden der Reihe nach die Karten zu legen, jedem die Zukunft zu weissagen. Auch ich kam an die Reihe. Ein großes Haus wurde mir angekündigt, in dem ich mich lange Zeit würde aufhalten müssen. Wie recht er doch hatte.

Damals dachte jeder freilich an ein Krankenhaus aufgrund eines Sturzes vom Pferd. Aber es kam anders. Kein Krankenhaus wartete auf mich, das große Haus war das Gefängnis, besser gesagt die Gefängnisse. Sie waren mein kommendes Schicksal.

Wenige Tage später wurde ich verhaftet. Was war geschehen?

Der Kalender zeigte den 20. Juli 1944. Ich war in meinem Quartier. Das Radio dudelte. Plötzlich eine Unterbrechung: Sondermeldung! Auf Hitler war ein Attentat verübt worden. Die Meldung vermittelte mir die Meinung, daß es geglückt sei.

Eine ungeheure Aufregung und ein überschäumendes Glücksgefühl bemächtigten sich meiner. Diese Nachricht bedeutete für mich die Aussicht auf ein Ende des endlosen, schrecklichen Krieges. Die Menschenverfolgungen, die Konzentrationslager und die Unterdrückung – dies alles schien mir damit vorbei zu sein.

Ich schwang mich auf mein Fahrrad und fuhr, so schnell ich konnte, in die Kaserne. Ich suchte Salviati, in dem ich eine verwandte Seele wähnte, um ihm das große Ereignis mitzuteilen. Seine Ansichten waren mir bekannt. Ohne daß wir uns je über unsere Ablehnung des Regimes unterhalten hätten – die Gefahr einer Denunziation ließ uns vorsichtig sein –, wußten wir doch beide um die Gesinnung des anderen.

Auch Oberst Andreae, unser Kommandeur, mag kein Freund des Systems gewesen sein. Doch hielt er sich bedeckt, wollte sich in keinem Fall bloßstellen – einer von unendlich vielen.

Nach längerem aufgeregtem Suchen fand ich ihn in der Mannschaftskantine. Leise und verhalten, doch voll innerer Erregung teilte ich ihm mit, was ich im Radio gehört hatte. Er wußte von nichts. Eine Flasche Sekt mußte her. Sie wurde bestellt. Dieses Ereignis verlangte gebührend gefeiert und begossen zu werden. Hitler ist tot, so meinten wir. Den Völkermörder hat sein verdientes Schicksal ereilt. Noch andere gesellten sich zu uns, ebenso froh gestimmt, unter ihnen Barbara Sensfuß.

Es folgte die schreckliche Ernüchterung, als die vertraute Stimme des Diktators wieder aus dem Lautsprecher klang. All unsere Hoffnungen, unsere Erleichterung und Freude stürzten mit einem Schlage in sich zusammen.

Es war eine kleine Gruppe beherzter Männer, die den Widerstand versucht hatte – ein Unterfangen, das, wie ich glaube, von vornherein zum Scheitern verurteilt war, weil die überwältigende Masse des Volkes nach wie vor trotz des Millionenheeres von Toten und Verkrüppelten, ungeachtet des Heranrückens der feindlichen Armeen, gläubig an ihren »Führer« und seinen Endsieg glaubte. Es ist heute kaum mehr faßbar, wie die Goebbelssche Propagandamaschine das gesamte Volk im Griff hatte. Doch wer weiß! Vielleicht war es gut, vielleicht mußte es so sein, daß Hitler die Explosion der von Stauffenberg gelegten Bombe überlebt hat. Vielleicht mußte unser Volk den Weg ins Verderben bis zum Ende gehen. Denn nach einem erfolgreichen Attentat hätte es wohl keine so weitgehende Auseinandersetzung mit den eigenen Verbrechen gegeben. Nur der bittere Gang bis zur totalen Niederlage konnte der großen Masse der Gläubigen ein trauriges, aber notwendiges Erwachen bringen. Keine eventuelle Läuterung, nur die Götterdämmerung hat unserem Volk den Weg freimachen können in eine neue Zukunft, zu einem erneuten Anknüpfen an die große Vergangenheit vor Hitlers Machtergreifung. Nur nach dem vollständigen Zusammenbruch des Regimes konnten die Schuldigen an dem verlorenen Krieg dort gesucht werden, wo sie in Wahrheit zu finden waren.

Eine bedrückende Ernüchterung bemächtigte sich unser an diesem Nachmittag des 20. Juli. Auf Befehl hatten wir alle uns in einem besonderen Raum Hitlers Ansprache anzuhören.

Der »Führer« berichtete aus seiner »Wolfsschanze« in Ostpreußen dem deutschen Volk über Rundfunk von dem mißlungenen Attentat und dem Wunder seiner Errettung. Er sah darin einen erneuten Fingerzeig der Vorsehung, wie er das Schicksal zu nennen pflegte, daß er der Erwählte sei, daß er den Krieg gewinnen würde. Eine Clique verbrecherischer adeliger Offiziere habe das Attentat auf seine Person verübt. Dank der gütigen Vorsehung habe sie dabei versagt, und furchtbare Strafe erwarte die Schuldigen. Es dauerte nicht lange, bis wir und die Welt erfuhren, wie grausam er sich zu rächen gedachte.

Als die Nachricht vom Überleben Hitlers eintraf, weinten auch in unserer Runde einige Frauen und auch Männer, ergriffen ob der Gnade, die dem deutschen Volk widerfahren war. Ihr geliebter Führer lebte, war einem ruchlosen Attentat unversehrt entgangen. Welch ein Wink des Schicksals!

Noch am selben Tag wurden Graf Stauffenberg und andere Offiziere auf dem Hof des Kriegsministeriums in der Berliner Bendlerstraße ohne Verfahren an die Wand gestellt und erschossen. Mannhaft haben sie ihren Tod ertragen. Ein gnädiges Geschick ersparte ihnen das Los weiterer Kameraden, die vor den Volksgerichtshof unter Dr. Roland Freisler gestellt, von dieser Inkarnation nationalsozialistischer Mordjustiz unsäglich erniedrigt und zum Tode verurteilt wurden.

Was hatte Hitler doch befohlen? »Hängen sollen sie! Hängen wie Schlachtvieh!« Am Pendelbalken hat man sie aufgehenkt, um den Todeskampf recht lange hinauszuzögern. Noch in ihren letzten Minuten wollte man sie quälen und foltern. Auf Hitlers Geheiß wurde ihr fürchterlicher Tod gefilmt, damit er genußvoll am Vollzug seiner wahnsinnigen Rachegelüste teilhaben konnte. Währenddessen durchkämmte Himmlers Gestapo das Land. Zu Tausenden wurden potentielle Gegner verhaftet. Die ohnehin vollen Gefängnisse, Zuchthäuser und Konzentrationslager quollen über. Um ihre Gegner noch intensiver terrorisieren zu können, hatten sich die Nazis etwas Neues ausgedacht: die »Sippenhaft«. Nicht nur der Täter wurde bestraft, nein, seine Familie – germanisierend Sippe genannt – wurde ebenfalls zur Rechenschaft gezogen, auch wenn diese nicht das Mindeste mit der jeweiligen Tat zu tun hatte. Um Abtrünnige abzuschrecken, war Hitler jedes Mittel recht.

Nur wenige Tage vergingen, bis das Unheil auch über uns hereinbrach: Unbemerkt von allen anderen wurde von Salviati verhaftet und heimlich abgeführt. Sein Schicksal in der Haft blieb unbekannt. Ich hörte nach dem Krieg, man habe ihn kurz vor Kriegsende in der Prinz-Albrecht-Straße in Berlin, dem Hauptquartier der Gestapo, hinterrücks erschossen – liquidiert, wie man das damals nannte.

An dem Attentat gegen Hitler waren vorwiegend adelige Offiziere und Generäle beteiligt gewesen. Also richtete sich das generelle Mißtrauen des Regimes gegen den Adel, obgleich doch viele Adelige zu seinen treuesten Stützen zählten. Landauf, landab begann die Jagd auf die Angehörigen adeliger Familien. Ob alt, ob jung, ob Mann oder Frau, ob schuldig oder unschuldig war völlig ohne Bedeutung. Verhaften! Verhaften! Je mehr, desto besser. Die Kerker füllten sich, wurden überfüllt. Die Verhaftung einer einundzwanzigjährigen Baroneß paßte da großartig ins Konzept. Wie im Zeitalter des Hexenwahns wurde jede Denunziation freudig aufgegriffen. Das »Schuldig« stand von vornherein fest.

Einige Stunden nach Salviati wurde so auch ich verhaftet. Ich hatte gerade mit den anderen Bereiterinnen und Bereitern Stalldienst, als ein Soldat auf einem Fahrrad erschien und rief: »Die Bereiterinnen Dietz, Gräfin Seckendorf, Törber, Sensfuß und von Schade sofort zum Kommandeur!«

In einem Raum trafen wir wieder zusammen. Zunächst waren wir allein. Niemand wußte, worum es sich handelte. Wir witterten keine Gefahr. Was hatten wir denn schon getan? Was konnte man uns vorwerfen? Fast noch Kinder, hatten wir, zumindest drei von uns, deren Optimismus und Harmlosigkeit. Wir waren unschuldig – so wenigstens dachten wir.

Wir standen herum und tuschelten. Was mochte der Grund sein, daß man uns fünf hierher kommandiert hatte? Es wurde gemunkelt, ein Mann in Zivil sei erschienen, den keiner bislang hier gesehen hätte.

Geraume Zeit verging, und Oberst Andreae erschien, begleitet von zwei Zivilisten. Die beiden Männer brüllten zackig: »Heil Hitler!« – Die damals übliche Anrede. Derart angeredet, riefen alle bis auf mich ihr »Heil Hitler« zurück. Ich als einzige antwortete: »Guten Tag!«

Denen wollte ich es zeigen, und schon erhielt ich meinen ersten Rüffel, dem viele, viele weitere folgten.

»Können Sie nicht anständig grüßen oder sind Sie zu fein dazu?« Es wäre mir nie in den Sinn gekommen, eine Begrüßung mit »Guten Tag« als unanständig zu empfinden. Nach wenigen Augenblicken eröffneten uns die beiden Männer, daß wir ihnen zum Rathaus zu folgen hätten. Eine Erklärung hierzu wurde nicht erteilt. Meine Bitte, mir eine Jacke holen zu dürfen, wurde abgeschlagen. Ein Soldat wurde geschickt, dies für mich zu erledigen.

Wir wurden also in Autos verladen und zum Rathaus gefahren. Der Reihe nach rief man uns in eine Schreibstube, wo unsere Personalien aufgenommen wurden.

Auch jetzt schwante mir noch nichts Böses. Man eröffnete mir in dürren Worten, ich hätte über Nacht dort zu bleiben. Ich wurde in eine Zelle mit vergitterten Fenstern gebracht – die erste Zelle meines Lebens.

Ich hatte niemanden umgebracht, keinen betrogen oder hintergangen, ja keinem Menschen etwas Böses getan. Und doch war ich eingesperrt wie ein Verbrecher.

Alles erschien mir wie ein böser Traum. Ich mußte doch gleich erwachen, beruhigt aufatmen in dem Bewußtsein, nur geträumt zu haben. Aber es war kein Traum. Es war brutale Wirklichkeit. »Ob wohl jemand an mich denkt?« fragte ich mich. Vielleicht wagte ja doch der eine oder andere der mir nahestehenden Menschen, flüsternd hinter vorgehaltener Hand sich meiner zu erinnern. »Wie mag es meiner Mutter gehen? Wie meiner Schwester?« Alles Gedanken, die einen überkommen, wenn es einem schlecht, ganz, ganz elend ergeht.

Allmählich dämmerte mir, daß es doch viel ernster um mich bestellt sein müsse, als ich Naive mir vorgestellt hatte. Gewiß, ich hatte nichts getan, jedenfalls nichts Arges – zumindest nicht in meinen Augen –, nichts, das meiner Erziehung widersprochen hätte. Aber was hieß das schon, hatte man doch das »Glück«, in einer Epoche der »nationalen Erhebung« zu leben. Wie sagte man damals so aufrecht, so treudeutsch und kernig? »Wo gehobelt wird, da fallen Späne.« Zu diesen Spänen gehörte nunmehr auch ich. Aber warum? Der nächste Tag würde mir sicher Aufklärung darüber geben, ob nicht alles nur ein Irrtum war.

Mein Glück im Unglück war jetzt und in den kommenden Monaten, daß ich ausgezeichnet tief, fest und lange schlafen konnte, wann immer ich Gelegenheit dazu hatte, und daß ich es auch durfte. Ein Beamter hatte mich über Gänge und Treppen geführt, vorbei an Marga Seckendorf und Elfriede Dietz, die an einem Tisch in einer Ecke saßen und schrieben, hinein in meine Zelle.

Auf drei Schlafmöglichkeiten hatte er einladend gedeutet, einen Strohsack, eine Kapokmatratze, die total verdreckt war, und eine Holzpritsche.

Den Strohsack, da einigermaßen sauber, hatte ich gewählt. Als man aber bemerkte, daß ich mich sogleich niederlegen wollte, um zu schlafen – es war Nachmittag –, wurde mir voller Entrüstung bedeutet, das käme nicht in Frage. Geschlafen würde nachts. »Heil Hitler!«

Der Nachmittag verging. Nach einem frugalen Abendessen verbrachte ich auch die Nacht auf meinem Strohsack.

Am nächsten Morgen wurde ich zu meinem ersten und letzten Verhör geführt. An einem Schreibtisch saß ein Mann der Gestapo aus Stettin, Dr. Winkler mit Namen, der mir bedeutete, mich zu setzen. Als mir dämmerte, daß dies ein Gestapo-Mann sein müsse, der Inbegriff des Schreckens für einen freien Menschen, der nicht begeisterter Anhänger der NSDAP, der Nationalsozialistischen Deutschen Arbeiterpartei, war, lief es mir kalt über den Rücken.

Mein Verhör begann. Sehr höflich forderte mich Dr. Winkler auf, mich zu setzen:

»Eine Zigarette?«

»Ja, danke!«

»Aber bitte, selbstverständlich.«

Mit gekünstelter Liebenswürdigkeit bemühte er sich, mein Vertrauen zu gewinnen. Aushorchen wollte er mich, Geheimnisse erforschen, die ich nicht kannte, mich einlullen in naive Vertrauensseligkeit. Er begann mit den allgemeinen und üblichen Fragen zur Person. Wo geboren und wann? Wo und wie aufgewachsen? Im Elternhaus?

»Ja.«

»Waren Sie im Bund deutscher Mädchen? Jungmädel? Pflichtjahr? Weiblicher Arbeitsdienst?«

»Nein.« Viermal nein.

Das ganze Volk war organisiert. In irgendeiner NS-Gliederung hatte man zu sein. Jedem Bürger wurde sein Platz angewiesen, an dem er von der Goebbelsschen Propaganda stets gezielt erreicht werden konnte. Die jungen Mädchen wurden in der Organisation der »Jungmädel« zusammengefaßt, die älteren, bis achtzehn Jahre alten im »Bund deutscher Mädchen« und die erwachsenen Frauen ab achtzehn in der »Deutschen Frauenschaft« – alles in Uniform versteht sich. Frauen, die durch die Geburt vieler Kinder dazu beigetragen hatten, daß der Nachschub für Hitlers Armeen, die Rüstungsindustrie, ja, und natürlich die SS nicht ausging, bekamen feierlich einen Orden überreicht: das Mutterkreuz, zu tragen am Bande, sinnigerweise im Busenausschnitt. Diesen Orden gab es in drei Klassen, nämlich in Bronze, Silber und Gold, je nachdem, wieviel Kinder eine Frau geboren hatte. Fünf war die Mindestzahl. Die Mutter meines Stiefvaters trug es in Gold. Neun Kindern hatte sie das Leben geschenkt, darunter sieben Söhnen. Drei davon sind gefallen, einer wurde schwer verletzt. Aber dafür hatte sie das Mutterkreuz in Gold!

Ich war in keiner dieser Mädchen- oder Frauenorganisationen, und dies wurde übel vermerkt. Ich sah es an der Physiognomie meines Gegenübers. Danach freilich tat der Herr von der Gestapo weiter sehr anteilnehmend. Er erkundigte sich, mit welchen Soldaten und Offizieren ich ausgegangen sei, mit wem ich Verkehr gehabt hätte, wen ich besucht hätte – alles ganz freundlich und eher beiläufig.

Verkehr gehabt? »Ja, mit Frau von Langen und einigen anderen Gutsbesitzern der Umgebung.«

Nun, schon ein wenig unfreundlicher: »Ich meine Geschlechtsverkehr!«

Meine erstaunte Gegenfrage: »Geschlechtsverkehr? Was ist das? Das Wort habe ich nie gehört?«

Jetzt war es vorbei mit der Freundlichkeit. Dr. Winklers Ton wurde immer barscher. Der Gestapomann zeigte sein SS-Gesicht. Wenig später brach er das Verhör ab und schickte mich zurück in meine Zelle.

Ich hatte mich dort noch nicht eingelebt – kann man das überhaupt? –, da hieß es bereits: »Heute nachmittag werden Sie verlegt. Machen Sie sich reisefertig.«

Was hatte das wieder zu bedeuten? Mich reisefertig machen, das hieß doch wohl eine Reise zu unternehmen. Aber was für eine Reise? Wohin? Das einzige Reiseziel, das mich von meinen Sorgen befreit, das mich zutiefst gefreut hätte, wäre die Reise zu meiner Mutter gewesen, zurück nach Köln-Junkersdorf. Aber das war wohl kaum damit gemeint.

Zwei Beamte führten mich in mein Quartier zum Packen und zum Umziehen. Doch was sollte ich mitnehmen auf diese Reise mit unbekanntem Ziel? Gewiß, Toilettenartikel, etwas Wäsche, doch wieviel? Wie lange würde die Reise dauern? Viel Gepäck hatte ich ohnehin nicht. Nun, was mir notwendig erschien, war schnell zusammengesucht.

Mein Zimmer war gründlich durchwühlt worden. Eine Zimmerwand hatte ich behängt mit Schildern »Vorsicht bei Gesprächen. Feind hört mit«, wie sie damals überall zu sehen waren. Keine Gelegenheit wurde ausgelassen, den Bürger des Großdeutschen Reiches zum Schweigen zu veranlassen, zum Mißtrauen zu erziehen. Traue deinem Nächsten nicht, er könnte ein Feind des Volkes sein. Diese Schilder hingen in Telefonzellen, Eisenbahnabteilen, Lokalen, Wartezimmern. Überall dort, wo man sich mit anderen unterhalten, Unbekannten begegnen konnte. Einige hatte ich schlichtweg abmontiert – wenn man so will: geklaut. Sie erschienen mir widerwärtig und lächerlich. Mir, einem kontaktfreudigen, extrovertierten Menschen, kam jede derartige Aufforderung unsinnig und albern vor. Also benutzte ich sie zum Hohn als Wandschmuck. Zwei von diesen Schildern hatte man mitgenommen, wahrscheinlich als Beweismaterial.

Barbara Sensfuß und ich wurden gemeinsam zum Bahnhof geführt. Es war üblich, Gefangene immer paarweise gehen und gemeinsam einen Koffer tragen zu lassen, damit sie nicht so leicht davonlaufen konnten. So mußten auch wir einen wahrscheinlich mit Steinen oder Büchern beschwerten Koffer zwischen uns zum Bahnhof schleppen.

Wir wurden in einen Eisenbahnwagen verfrachtet, der uns nach Greifswald in das dortige Gefängnis brachte. Wir freuten uns, daß wir dabei wenigstens Gelegenheit hatten, uns zu unterhalten, allerdings nur über Dinge, die unsere Verhaftung nicht betrafen.

Bis Ende Oktober sollte nunmehr dieses Gefängnis mein erbärmliches Quartier sein. Eine Strafgefangene war ich. Dabei wußte ich noch immer nicht warum. Tief war mein Sturz. Gewohnt, immer in großer Freiheit und, ich gebe es zu, im Wohlstand zu leben, behütet von einer großzügigen Mutter, die mich an sehr lockeren Zügeln geleitet hatte, war dieser Freiheitsentzug für mich wie ein ungeheuerlicher, böser Traum. Ich habe lange gebraucht, bis mir bewußt wurde, daß es Realität war. Die erste Zeit lebte ich wie in Trance. Es war alles derart unwahrscheinlich, daß ich die brutale Härte meiner Lage gar nicht wahrzunehmen in der Lage war. Das, was zu erleben ich gezwungen war, konnte, durfte einfach nicht wahr sein. Ich hatte nur ein Bedürfnis: zu schlafen, um zu vergessen, nicht über meine Lage nachdenken zu müssen. Doch wieder erleichterte mir meine Gabe, tief zu schlafen, wann immer sich die Gelegenheit bot, meine Situation. Zu meinem Glück waren diese Gelegenheiten häufig.

Nach der Einlieferung ins Greifswalder Gefängnis wurden mir zunächst alle Privatsachen abgenommen: der wenige Schmuck, den ich besaß, und meine Kleidung. Auch als Untersuchungsgefangene mußte ich nunmehr Gefängniskleidung tragen – meines Erachtens eine unübliche Maßnahme, da sonst Untersuchungsgefangene, also noch nicht verurteilte Menschen, Anspruch auf ihre Privatkleidung hatten. Aber was bedeutete damals schon Anspruch, was Recht und was Gerechtigkeit?

Man wies mir eine Einzelzelle zu. Ich schien etwas Besonderes, ein Sonderfall zu sein. Heute nennt man das Isolationsfolter, aber damals war das eine ohne Fernsehen, Radio und Bücher. Das Essen bestand aus der üblichen Gefängniskost, was mich nicht sonderlich störte, da Essen und dessen Wohlgeschmack für mich nie von großer Bedeutung waren. Über das Essen bei meinen Großeltern hatte einmal ein Gast gesagt: »Bei Langens wird nicht gegessen. Dort wird man ernährt.« Wie froh wäre ich jetzt über Langensche »Ernährung« gewesen. In Blechnäpfen erhielt ich meine Ration. Sie sollten für die nächsten neun Monate mein Eßgeschirr bleiben.

Ich meine, die Einzelhaft war eine Sonderbehandlung, die man mir als schwerwiegendem Fall angedeihen ließ. Barbara Sensfuß saß, wie ich glaube, in der Gemeinschaftszelle. Einmal traf ich sie auf einem der langen Korridore. Wir begrüßten uns kurz, froh, uns unter diesen schrecklichen Umständen einmal wiederzusehen. Nur wenige Worte wechselten wir. Dann schlug meine Bewacherin einen Riesenkrach. Ich hatte Redeverbot, was ich bislang nicht gewußt hatte. Welch ein Bösewicht, welch ein Schwerverbrecher mußte ich doch sein!

Jedes Mal, wenn sich meine Zellentür öffnete, mußte ich mich seitwärts aufstellen, strammstehen und den unsinnigen Satz aufsagen: »Achtung! Zelle Nummer soundso, belegt mit einer Frau.« Das obligate »Heil Hitler« zu schmettern, weigerte ich mich aber konsequent. Drei Wochen dauerte diese Einzelhaft. Drei Wochen kein Verhör, kein Buch, keine Zeitung, kaum Post, und wenn, dann geöffnet und zensiert. Keine Aussprache oder Unterhaltung. Nichts geschah. Ein Tag schleppte sich dahin wie der andere. Stunden dehnten sich zu Ewigkeiten. Was war geschehen? Was hatte ich verbrochen? Viele, viele Fragen und keine Antwort. Sorgen und Grübeleien wechselten mit langen Phasen des Schlafens – der einzigen Erleichterung und Abwechslung in meinen damaligen Haftumständen.

Zweimal bekam ich Besuch von meiner Mutter. Einmal wurde sie von meiner Schwester begleitet, die damals zwanzig Jahre alt war. Meine Mutter sprach mehr mit der Beamtin als mit mir – wohl um in meinem Interesse einen guten Eindruck zu hinterlassen. Währenddessen raunte mir meine Schwester Gisela einiges mich Betreffende ins Ohr: »Ein Rechtsanwalt, Dr. Sack, juristische Kanone in Berlin, Hitler-Verteidiger nach seinem fehlgeschlagenen Putsch, wird dich vertreten. Damit hast du schon halb gewonnen. Du kommst zur Gerichtsverhandlung nach Berlin.«

Meine Mutter machte mir Vorwürfe, weil ich nicht meinen Mund gehalten hatte, weil ich so vorlaut gewesen war und so weiter. Es war ein trauriges Zusammensein. Eine Beamtin beaufsichtigte unsere Unterhaltung, damit ja kein unerlaubtes Wort gesagt, keine Kleinigkeit mir zugesteckt würde.

Ich sprach nicht viel. Was sollte ich schon sagen, wenn ich kontrolliert wurde, Angst haben mußte, daß ich etwas Unstatthaftes sagte, das mir nach einem solchen Zusammensein mit den liebsten Menschen, die ich damals hatte, in aller Strenge vorgehalten werden würde? Was konnte umgekehrt meine Mutter mir erzählen, das nicht den Unwillen der Beamtin hervorrief? Beide waren wir voller Hemmungen, beide hätten wir so viel zu sagen gehabt, uns unsere Liebe zeigen wollen. Aber wie konnten wir das unter den gestrengen Augen der bewachenden Beamtin?

Was eine Erleichterung hätte sein sollen, wurde so für uns beide zur Qual, die meine Bedrückung nach der Rückkehr in die Zelle nur steigerte. Ich benötigte längere Zeit, mich an die Stille, das Alleinsein, die Ereignislosigkeit in meiner Einzelhaft nach diesen zwei Besuchen zu gewöhnen.

Auch geschrieben hat mir meine Mutter. Wieder hat sie nicht mit Vorwürfen gespart. Warum hast du dich nicht zusammengenommen, dich mit Worten und Gerede nicht zurückgehalten? Warum nicht geschwiegen? Warum warst du so unbeherrscht und hast dadurch dieses Unglück heraufbeschworen?

Warum? Ja, warum? Wer kann schon über seinen Schatten springen, sich anpassen, sich verstellen, um den Oberen zu gefallen? Ich konnte es jedenfalls nicht. Ich mußte gegen das Unrecht protestieren, und wenn dies auch nur mit Worten geschah.

Meine Mutter sagte mir später, als alles vorüber war, sie habe mir in kalkulierter Absicht in dieser Weise geschrieben, um die damals übliche Sippenhaft abzuwehren. Diese nämlich drohte zu jener Zeit den Angehörigen der »politischen Gefangenen«. Und ich war eine »Politische«.

In den letzten Tagen meiner Greifswalder Inhaftierung wurde mir in meiner Zelle die Anklageschrift überreicht.

Aktenzeichen IL 412/44
          57 1518/44

Jetzt endlich erfuhr ich den Grund meiner Verhaftung. Vier Punkte führte die Anklageschrift auf:

1. Wehrkraftzersetzung
2. Defätistische Äußerungen
3. Feindbegünstigung
4. Landesverrat

Die Verhandlung sollte vor dem Volksgerichtshof in Berlin stattfinden, jenem berüchtigten NS-Gericht, wo nicht das Recht gesucht wurde, sondern Rache, Gewalt und Terror gegen alle, die sich gegen den Nationalsozialismus gestellt hatten, die mit Taten oder Worten für ihre Überzeugung eingetreten waren.

Was für ein verruchtes Wesen mußte ich sein, wenn man diese schwerwiegenden Beschuldigungen las:

Wehrkraftzersetzung? Antinazistische Äußerungen verschiedenster Art. Unter anderem sollte ich gesagt haben:

»Dieser Scheißgefreite hat lange genug den Offizieren und Generälen in die Hose gekackt.«

Nun gehörte das letztgenannte Wort gewiß nicht zu meinem Sprachschatz. Somit konnte ich also diesen Satz in der behaupteten Form gar nicht gesagt haben. Ich will freilich nicht bestreiten, diese Wendung sinngemäß gebraucht zu haben. Anstelle des fraglichen Wortes habe ich aber eher eine noch deftigere Formulierung verwendet. Aber das änderte wohl kaum etwas an der für nazistische Ohren ungeheuerlichen Beschmutzung des geliebten Führers.

Defätistische Äußerungen?

Zweifel am Ausgang eines dieses beinahe verlorenen Krieges erschienen mir als Torheit – besonders in Anbetracht des unaufhörlichen Vorrückens der Westalliierten und der russischen Truppen auf die reichsdeutschen Grenzen, der zunehmenden Bombenangriffe, meistens des Nachts auf deutsche Städte, und der dabei zu Hunderttausenden getöteten Zivilisten, Frauen und Kinder. Kein Zweifel: Der Krieg war verloren, verloren schon beim Einmarsch der deutschen Armeen in Rußland. Wenn die realistische Einschätzung der gegebenen Lage Deutschlands Defätismus war, dann hatte die Anklageschrift recht.

Feindbegünstigung und Landesverrat?

Jawohl, wenn die menschliche Behandlung russischer Kriegsgefangener, die Erklärung des Frontverlaufs auf einem Pferderücken und kritische Äußerungen über die Kriegslage einer einundzwanzigjährigen jungen Frau gegenüber diesen Unglücklichen des Krieges Feindbegünstigung und Landesverrat waren, gewiß, dann entsprach die Anklage auch in diesem Punkt den Tatsachen.

Es waren gewiß unvorsichtige Äußerungen eines jungen, unerfahrenen Menschen, der nichts Böses im Sinn hatte, der allerdings das gesagt hatte, was er auch wirklich dachte. Zu keiner Zeit, weder bei der späteren Verhandlung vor dem Volksgerichtshof noch in den anschließenden Monaten der Inhaftierung, habe ich ein Wort von dem zurückgenommen, was ich gesagt, was ich gedacht und geglaubt habe. Als Zeuginnen der Anklage waren meine ehemaligen Mitbereiterinnen Gräfin Seckendorf und Fräulein Dietz angegeben. Was hatte ich ihnen getan, daß sie jetzt als Zeugen gegen mich auftraten, da sie doch wissen mußten, daß ihre Aussage meinen Tod zur Folge haben konnte? Und mußten die, die nun als Zeugen gegen mich und die anderen Angeklagten auftraten, nicht auch die Denunzianten sein, die mich, Barbara Sensfuß, Fräulein Törber und Major Salviati ins Gefängnis gebracht hatten und die uns vor den Volksgerichtshof bringen würden? Wer waren da wirklich die Verräter? Wir oder diejenigen Personen, die uns – vielleicht aus Neid, Mißgunst und Eifersucht – den Schergen der Nazis ausgeliefert hatten?

Bis Ende Oktober blieb ich »Gast« des Greifswalder Gefängnisses. Nicht einmal wurde ich verhört. Eines

schönen, besser gesagt, schlechten Tages kam eine Beamtin in meine Zelle und teilte mir lakonisch mit, daß
ich von nun an zu arbeiten hätte. Ich müßte Soldaten-
uniformen, Socken, Pullover und Jacken stopfen beziehungsweise ausbessern.

Eine von Woche zu Woche wachsende aggressive Opposition hatte sich mittlerweile meiner bemächtigt. Seit
Wochen wurde ich gefangengehalten. Bei meiner Veranlagung konnte zwangsläufig nur ein ständig zuneh-
mender innerer Widerstand gegen das mir Tag für Tag erneut angetane Unrecht die Folge sein. Statt kleinmütig,
verzagt und reuevoll zu werden – ich hätte nicht gewußt
warum –, wuchs meine Ablehnung gegen den großdeutschen Größenwahn und dessen Repräsentanten ins Un-
ermeßliche. Wäre ich weniger emotional veranlagt, ich
würde Verzweiflung, Angst und Reue gezeigt haben –
und wenn diese Gefühle nur gespielt gewesen wären.
Aber das konnte ich nicht.

Ich wurde verstockt. Zum ersten Mal in meinem Leben.
Alle mir aufgetragenen Arbeiten lehnte ich entschieden
ab. »Ich kann nicht nähen. Nicht stopfen. Ich bin nicht
in der Lage, meine Zelle zu säubern.«

Sonderbarerweise fand meine Beamtin sich damit ab.
Sie hatte anscheinend Mitleid mit mir. Andere Frauen
wurden abkommandiert, die Zelle und den Kübel zu rei-
nigen.

Wie sah meine Zelle aus? Sie hatte eine Größe von etwa
zwei mal drei Metern. Das Mobiliar bestand aus einem
einfachen Bett mit einer Kapokmatratze, einer Wolldecke und Bettzeug, einem schlichten Tisch und Hok-
ker, einem Wandschränkchen, einem Waschbecken – natürlich ohne fließend Wasser – und dem obligaten

»Kübel«, der eine Toilette ersetzte. Ein kleines, natürlich vergittertes Fenster ließ gedämpft das Tageslicht in die winzige Kammer einfallen. Nie habe ich einen Sonnenstrahl so willkommen geheißen wie damals, wenn er sich gelegentlich zu mir in meine Einsamkeit verirrte.

Kamen andere Frauen in meine Zelle zum Säubern, den Kübel abzuholen, hatte ich strengstes Redeverbot. Kein Wort durfte gewechselt werden. Mein Bett durfte ich nur nachts benutzen. Es war mir untersagt, mich tagsüber darauf zu setzen, schon gar nicht durfte ich mich hinlegen.

Einmal sah ich auf dem Gang kurz Barbara Sensfuß. Für wenige Augenblicke waren wir unbeobachtet. Barbara raunte mir zu, die Wurst, die wir zu essen bekamen, sei aus Pferdefleisch gemacht. Allein der Gedanke daran errege ihr Übelkeit. Angesichts unserer Pferdeliebe war es auch mir fortan unmöglich, diese Wurst auch nur anzurühren.

Nach etwa drei Wochen fragte man mich, ob ich den sonntäglichen Gottesdienst besuchen wolle. Ich war zwar allen religiösen Dingen gegenüber skeptisch eingestellt. Dennoch nutzte ich aber freudig diese Gelegenheit, andere Menschen, Leidensgenossen, zu sehen. In Begleitung einer Beamtin, gleichsam eingehüllt in mein Redeverbot, durfte ich nun einmal in der Woche dem Gottesdienst folgen.

Drei der Gutsbesitzer, die ich in der Zeit meiner Freiheit – wie lange schien sie mir zurückzuliegen – besucht hatte, traf ich dort wieder. Was heißt »traf«? Ich sah sie inmitten der anderen Gefangenen. Nur unsere Blicke begegneten sich, und auch sie mögen gedacht haben, wie schön war doch die Zeit, in der wir uns der Freiheit erfreuten. Man hatte sie gleich mir als Gegner des Systems verhaftet. »Volksfeinde« nannte man uns. Ihre Namen sind mir leider entfallen. Welches Schicksal sie erlitten haben, ist mir unbekannt geblieben. Sie sollen bald von Greifswald ins Stettiner Gefängnis oder Zuchthaus verlegt worden sein.

Drei weitere Wochen schleppten sich öde dahin. Dann wurde meine Einzelhaft beendet. Ich wurde in eine Gemeinschaftszelle gesteckt, zusammen mit acht bis zehn Frauen, die krimineller Vergehen wegen inhaftiert waren und ihrem Prozeß entgegensahen. Im allgemeinen waren sie wegen Diebstahls verhaftet worden. Es war ein ständiges Kommen und Gehen. Einige wurden nach erfolgtem Prozeß in das Gefängnis zurückgeführt oder auch freigesprochen. Wir erfuhren nie den Anlaß ihres Verschwindens. Andere Frauen folgten und lösten die ausgeschiedenen ab.

Einige dieser Frauen gingen täglich zur Außenarbeit. Eine von ihnen brachte mir einmal, um mir eine Freude zu machen, einige Zigaretten mit. Das war eine Sensation für mich, denn der Besitz von Zigaretten und schon gar das Rauchen selbst waren strengstens verboten. Einzelhaft in einer dunklen, feuchten Kellerzelle drohte als drakonische Strafe. Um bei diesem »Vergehen« nicht entdeckt zu werden, stellte man sich unter das Fenster, damit der Rauch abziehen konnte, hielt die Hand vorsichtig vor die Glut, um durch ihr Glimmen nicht von außen gesehen und dadurch verraten zu werden. Eine der Frauen preßte währenddessen das Ohr an die Tür, um beim Herannahen von Schritten sofort Alarm zu schlagen. Hektisch mußte dann die Glut der Zigarette gelöscht, der Rauch aus dem Fenster gefächelt werden.

So gerne ich immer geraucht habe, unter solchen Umständen verlor ich die Lust dazu. In Zukunft unterließ ich also das Rauchen, mochte es mir noch so schwer fallen.

Ständig horchten wir auf die Geräusche auf dem Gang vor unserer Tür. Ein raschelnder Schlüsselbund ließ uns jedes Mal erneut aufschrecken und senkrecht sitzen, voller Furcht vor dem, was eine sich öffnende Tür uns bieten mochte.

Selbst in der Enge unserer Zelle bildeten sich Cliquen. Je nach Verwandtschaft der Seelen, der Interessen, der oft gemeinsamen diebischen Vergangenheit. Nicht, daß ich mich einer dieser Cliquen angeschlossen hätte, aber irgendwie akzeptierten die Frauen meine Andersartigkeit, meine von der ihren abweichende Herkunft, die Verschiedenheit des Haftgrundes. Denn daß ich eine »Politische« war, hatten sie schnell herausbekommen. Sie zeigten mir gegenüber eine gewisse Achtung, die so weit ging, daß sie mir freiwillig Aufgaben abnahmen, denen eine jede unterworfen war, wie Zellenreinigung und Saubermachen des Gemeinschaftskübels, der in unserer Zelle schamhaft von einem Wandschirm verdeckt wurde. Da sie sich selbst ihrer kleinen oder größeren Vergehen bewußt waren, hatten sie vor mir, deren Vergangenheit nichts Kriminelles aufzuweisen hatte, eine gewisse Achtung.

Die Zeit bis Ende Oktober verging im täglichen Einerlei, in quälender Ereignislosigkeit, im Warten auf einen Fortgang meines Prozesses.

Im Untersuchungsgefängnis Moabit

Eines Tages wurde mir lakonisch mitgeteilt, ich würde erneut verlegt werden. Kein Wohin, kein Warum, kein Wielange.

Man verfrachtete mich am 8. November in ein Auto, in dem zu meiner Freude bereits Barbara Sensfuß saß. Endlich wieder ein bekanntes Gesicht, ein Mensch, mit dem ich die Monate in Demmin gemeinsam Remonten zugeritten hatte. Es verband mich zwar keine innige Zuneigung mit ihr, dafür waren wir zu verschieden veranlagt, und Frauenfreundschaften waren nie meine Sache. Aber die gemeinsame Liebe zum Pferd, die zusammen in Demmin verbrachten Monate, das gleiche Schicksal der Inhaftierung – sie ein leichterer, ich ein schwererer Fall – schienen uns einander näher zu bringen. Vor allem konnte sich jeder von uns endlich einmal wieder mit einem Menschen unterhalten, der die gleichen Interessen hatte.

Zum Bahnhof ging die Fahrt, bewacht von zwei Polizisten, die sich auf unserer Reise als Menschen mit viel Herz und Verständnis erwiesen. Jetzt verflog auch der Schleier, der unser Reiseziel im Dunkel verborgen hatte. Wie man uns sagte, ging die Fahrt nach Berlin. Doch unter welch veränderten Umständen würde ich dieses Mal die Reichshauptstadt wiedersehen! Obwohl wir wieder unsere Privatkleidung trugen, wurden wir dennoch ob unserer Bewacher mißtrauisch angestarrt. Im Zug von den Mitreisenden, die mit neugierigen Blicken in unser reserviertes Abteil hineinsahen, in Berlin von den Passanten.

Zwangsläufig drängten sich mir zornige Empfindungen auf: Ihr seid frei, ich bin eine Gefangene. Warum? Nur weil ich gesagt habe, was ich dachte, was meine Überzeugung war, was, verflucht noch mal, ein jeder von euch, falls er Charakter hat, auch hätte bekennen müssen. Nicht der politische Gefangene war verachtenswürdig, nein, das war jeder, der sich dank seiner Charakterschwäche seiner Freiheit erfreuen konnte.

Während der Eisenbahnfahrt, bewacht von unseren zwei Polizisten, konnten Barbara Sensfuß und ich uns zum ersten Mal seit unserer Verhaftung frei unterhalten. Wie haben wir das genossen! Wie dankbar waren wir den Polizisten, die uns das ermöglichten. Es waren anständige Kerle, denen die Rolle peinlich war, die zu spielen sie gezwungen waren. Zu Beginn der Fahrt hatten sie uns pflichtgemäß ermahnt, daß jegliche Unterhaltung über den »Fall« verboten sei. Doch bald verkrochen sie sich hinter ihren Mänteln, um zu schlafen oder wenigstens so zu tun, als ob sie schliefen. So konnten wir frei sprechen und reden über alles, was geschehen war und was unser Schicksal sein mochte.

Einmal kamen unsere Polizisten dann aus der Hülle ihrer Mäntel hervorgekrochen, um zu frühstücken. Dabei gaben sie uns von ihrer gewiß nicht reichlichen Portion ab. Lebensmittel waren streng und knapp rationiert. Sie teilten mit uns, was sie besaßen. Ja, sie gaben jeder von uns sogar einige Kaffeebohnen, damals eine

Kostbarkeit, damit wir sie kauten und einmal wieder den guten Kaffeegeschmack auf die Zunge bekämen.

Jedweder Freundlichkeit entwöhnt, erschien es uns unfaßbar, daß wir, in Berlin angekommen, von ihnen Geld erhielten, damit wir telefonieren konnten. Barbara Sensfuß rief als erstes ihre Schwester Jutta an, die in Berlin Ballettanz lernte. Sie hat mir später eigentlich als einzige, ohne daß wir uns vorher näher gekannt hätten, ihre Zuneigung, ihr Mitgefühl bewiesen und dabei peinliche Konsequenzen nicht gescheut. Ich habe ihr das bis heute nicht vergessen.

Ich rief einen Herrn Wagner an, einen Bekannten meiner Mutter, der, wie ich wußte, über meine Situation voll informiert war. Er teilte mir mit, daß Rechtsanwalt Sack von meiner Mutter mit meiner Verteidigung beauftragt worden sei.

Dieser Anwalt hatte seinerzeit Hitler verteidigt, als er zusammen mit General Ludendorff und anderen in München einen Putsch gegen die Reichsregierung organisiert hatte. Der Putsch war an der Münchner Feldherrnhalle im Feuer der gegen ihn eingesetzten Landespolizei zusammengebrochen. Hitler wurde dank Sacks geschickter Verteidigung lediglich zu einer einjährigen Festungshaft verurteilt, die er in Landsberg absaß. Er nutzte die Zeit, um seinem damaligen Sekretär Rudolf Heß, der mit einsaß, sein Buch »Mein Kampf« zu diktieren – das Buch, das seine Gedanken und Pläne jedem, der Augen zum Lesen, einen Verstand zum Denken besaß, minuziös offenbarte. Sack stand infolgedessen bei den NS-Gewaltigen in hohem Ansehen, und meine Mutter wähnte meine Verteidigung bei ihm in besten Händen.

Unsere Bewacher mahnten zum Aufbruch. Sie würden uns noch andere Gelegenheiten zum Telefonieren geben. Weiter ging unser Transport durch etliche Straßen Berlins, bis wir vor einem grauen Gemäuer ankamen, in das wir hineingingen. Wo kamen wir denn hier hin? Barbara Sensfuß und ich sahen uns erstaunt an. Viel Plüsch, sonderbare Bilder, Sofas und Sessel, alles in Plüsch dunkelrot, und zur Abrundung des Unternehmens eine dicke Madame. In welch sonderbarem Etablissement waren wir hier gelandet?

Wir raunten uns zu: »Ein Puff!« Vielleicht irrten wir uns. Immerhin hatten wir mit derartigen Institutionen keine Erfahrung. Früher hätten wir ob dieser obskuren Umgebung gewiß mehr oder weniger verhalten gekichert. Die Erziehung junger Mädchen war noch lange nicht so frei wie heute. Sie war gewiß nicht prüde, aber doch moralbetont, und gewisse Dinge schickten sich eben nicht. Doch das Lachen war uns in jener Zeit vergangen.

Hier befanden wir uns jedenfalls in einer Quasi-Freiheit. Die dicke Madame war freundlich und verständnisvoll, die Polizisten rührend und mutig. Denn sie nahmen es auf ihre Kappe, uns diesen Aufenthalt zu verschaffen. Mochten sie eigene Interessen und Wünsche damit verbinden oder nicht, wir hatten eine Galgenfrist, bevor uns neue graue Gefängnismauern wieder einkerkerten. Wir wußten bislang nicht einmal, welche es sein würden.

Inständig baten unsere Begleiter, nie und zu niemandem je ein Wort über diesen Abstecher verlauten zu lassen. Sie riskierten Kopf und Kragen mit ihrer Gutmütigkeit. Mögen sie den Krieg gut überstanden haben. Das

wünsche ich ihnen von Herzen. Habt Dank, ihr anstän-
digen Kerle!

Es ist sonderbar. Hilfe wurde mir in jener Zeit von Menschen zuteil, die mir völlig fremd waren und von denen
ich es am wenigsten erwartet hätte.

Von Barbara Sensfuß überredet, gaben sie uns noch einmal ein paar Münzen zum Telefonieren und zogen sich
selbst zurück. Wohin? Uns sollte das gleich sein.

Barbara rief zahlreiche Bekannte, Freunde der Familie
und nochmals ihre Schwester Jutta an. Diese machte
sich sofort auf den Weg und tauchte nach kurzer Zeit bei
uns auf. Es war eine herzliche, doch traurige, beklem-
mende Begrüßung der beiden Schwestern. Die eine,
Barbara, von kräftiger Statur und ein wenig burschikos,
wie auch ich es war, die andere zart, sehr sensibel und
liebevoll.

Hektisch mobilisierte Barbara alle Menschen, die sie
kannte und deren sie habhaft werden konnte, um ihren
Einsatz und ihre Unterstützung für ihre Sache und ihren
späteren Freispruch zu erwirken. Da ich in Berlin niemanden kannte, rief ich lediglich das Büro von Rechtsanwalt Sack an. Es meldete sich sein Sekretariat. Auf
meine Bitte, mich mit ihm zu verbinden, antwortete
eine Sekretärin mir lakonisch, Rechtsanwalt Sack sei
nicht zu sprechen. Er ließe mir aber ausrichten, daß er
meine Verteidigung nicht übernehmen könne.

Ich war ihm wohl zu unwichtig, mein Fall ohnehin hoff-
nungslos, Dr. Sack zu feige oder zu gleichgültig, es mir
selbst mitzuteilen. Natürlich war diese Mitteilung nicht
dazu angetan, meine Stimmung zu heben. Ich war zutiefst bedrückt, von aller Zuversicht und Hoffnung verlassen. Ich war ein Fall, der dem berühmten Rechtsan-

walt Dr. Sack keine Lorbeeren versprach, der ohnehin aussichtslos und damit seiner Reputation nicht förderlich war. Welch furchtbarer Verbrecher mußte ich sein, welch ungeheuerliche Tat begangen haben, daß nicht einmal ein ordentlicher Rechtsanwalt mich verteidigen wollte! Damit würde ich auf die Unterstützung eines Pflichtverteidigers angewiesen sein, und auch dieser Umstand war meiner Situation ganz und gar nicht förderlich.

Auch diese Stunden letzter Fast-Freiheit vergingen. Die beiden Polizisten gesellten sich wieder zu uns und verpflichteten uns nochmals zu tiefstem Schweigen, was wir als selbstverständlich versprachen und befolgten. Sie ließen beklommen durchblicken, meine Situation sei bedrohlich, es stünde nicht günstig um mich. Sie schienen gut informiert. Ich tat ihnen leid. Helfen konnten sie mir natürlich nicht. Wie sollten sie auch.

Meine Stimmung fiel damit auf den Nullpunkt. Was stand mir bevor, was würde mit mir geschehen? Ich war aber nach wie vor davon überzeugt, nichts Schlimmes begangen zu haben. Deshalb war ich auch nicht wirklich verzweifelt oder entmutigt. Tatsächlich war ich weder damals noch in all den Monaten meiner Gefängniszeit, selbst nicht nach meiner Verurteilung, daran, mich selbst aufzugeben. Ich war einfach noch zu jung, um den Tod als reale Möglichkeit zu erkennen. Ist man jung, erscheint einem das Leben als Selbstverständlichkeit, der Tod in weiter Ferne zu liegen. Jungen Menschen erscheint der Tod ja instinktiv als eine Angelegenheit für alte Leute. Das mag auch der Grund dafür sein, daß im Krieg ein Jüngling sein Leben eher der Gefahr aussetzt als ein älterer, gar ein alter Mann, dem der Tod altersbedingt näher und bedrohlicher ist. Je kürzer der Lebensweg, der vor einem liegt, desto kostbarer ist jede Minute, die noch bleibt.

Wir brachen auf und wurden von unseren Bewachern im Untersuchungsgefängnis Moabit abgeliefert. Wieder ein neuer Ort der Gefangenschaft, der Erniedrigung unter fast den gleichen Umständen. Nur mein Leben, mein Überleben geriet von Tag zu Tag, von Woche zu Woche mehr in Gefahr, ohne daß mir dieser Umstand bewußt geworden wäre. Ich schien mir viel zu jung zum Sterben, die Möglichkeit, daß mein Leben wirklich verwirkt sein könnte, unendlich fern.

Moabit war ein alter Kasten. Grau und drohend begrüßte er uns. Heute selbstverständliche hygienische Einrichtungen fehlten. Von auch nur kleinsten Bequemlichkeiten konnte keine Rede sein. Ich kam, wieder getrennt von Barbara Sensfuß, in eine Gemeinschaftszelle mit rund achtzehn bis zwanzig Frauen, alles Kriminelle, Prostituierte oder Frauen, die sich mit Fremdarbeitern und Kriegsgefangenen eingelassen hatten – damals ein todeswürdiges Verbrechen.

Keine »Politische« war unter ihnen. Schon zwei dieser besonders gefährlichen Kategorie hätten schließlich eine Gefahr für die Zellenbelegschaft bilden, hätten aufwiegeln und Unruhe stiften können. So fürchtete man. Indes vorlaut, leichtsinnig und unbeherrscht mag ich gewesen sein, aber gefährlich? Absurd! Doch nach Meinung des Regimes ging von uns »Politischen« die größte Gefahr aus, hatten wir doch die »Volksgemeinschaft« verlassen, indem wir uns weigerten, nicht konform mit dem »gesunden Volksempfinden« zu denken und zu handeln. Es war danach besser zu stehlen, zu be-

trügen, einem Mitmenschen nach dem Leben zu trach-
ten, als anders zu denken, politisch nicht linientreu,
Gegner des Systems zu sein. So hatten sich die menschlichen Werte und deren Einschätzung gewandelt! Lieber
ein Verbrecher als ein Andersdenkender.

Die Zelle war zwar geräumig, aber niemals für zwanzig
Personen geeignet. Wir konnten uns kaum rühren. Aus
Platzmangel gab es nur wenige Betten. Die meisten, so
auch ich, lagen auf Strohsäcken, bestenfalls auf Matratzen, die, um Platz zu schaffen, morgens aufeinanderge-
türmt wurden. Am Tag saßen wir auf den wenigen Betten, einigen Hockern oder auf dem Fußboden. In einer
Zeit, in der eine falsche völkische Abstammung und von
der gültigen Staatsdoktrin abweichende Gedanken ein
Verbrechen waren, konnten die vorhandenen Gefängnisse und Zuchthäuser die Flut der Häftlinge nicht mehr
fassen. Sie quollen über. Die Unglücklichen wurden in
viel zu kleinen Zellen zusammengepfercht. Was spielten
da Hygiene und Menschlichkeit schon für eine Rolle?
Menschenwürde war ein unbekannter Begriff. Es handelte sich um Volksschädlinge. Mochten sie zugrunde
gehen.

Wieder begegnete ich dem obligaten, von irgendeinem
Häftling an die Wand geschriebenen Spruch, der in keiner Zelle, die ich durchwanderte, fehlte: »Alles ist ver-
gänglich. Auch lebenslänglich!«

Wo mehrere Frauen in einer Zelle zusammengepfercht
waren, gab es stets eine, die sich auf das Kartenlegen
spezialisiert hatte. Zur Ausübung dieses beliebten Zeit-
vertreibs bedienten sie sich in die Zelle geschmuggelter
Karten. Gab es solche nicht, wurden sie aus Papier und
Kartonresten zusammengebastelt. Sitzt man auf eng-

stem Raum dichtgedrängt beieinander und weiß nicht, wie man die Zeit von morgens bis abends totschlagen soll, wird natürlich jede Abwechslung mit Freude begrüßt, und mag sie noch so unsinnig erscheinen. Welches weibliche Wesen konnte sich unter derartigen Umständen der Faszination eines Blickes in die Zukunft erwehren? Die Kartenlegerinnen hatten jedenfalls Hochkonjunktur.

Natürlich war auch ich begierig, meinen Anteil aus dieser magischen Küche obskurer Wahrsagerei zu erhalten, und gläubig harrte ich des Spruches, von dem ich Erhellung meines Schicksals erwartete. Er lautete: »Dich wird die höchste Strafe erwarten. Habe keine Angst, es wird dir dennoch nichts geschehen!«

Es mag phantastisch klingen, aber diese Voraussage meines Schicksals gab mir innerlichen Halt und Gelassenheit, um so mehr, als mir dies in gleicher Weise wiederholt geweissagt wurde. – An welche Strohhalme klammert man sich nicht, wenn einem das Wasser bis zum Hals steht!

Auch hier in Moabit wurde ich nicht verhört. Tatsächlich hat sich nach meiner ersten Vernehmung in Demmin kein weiteres Polizeiorgan je um mich gekümmert. Mein Leben reduzierte sich auf ein dumpfes Dahinvegetieren in überfüllten Zellen, auf Gerede und Unterhaltungen mit Zellengenossinnen, auf das Anhören der Erlebnisse von Prostituierten und der sonderbaren Gelüste ihrer Kunden.

Welch eine völlig unbekannte Welt der Zwielichtigkeit tat sich mir auf. Mag sie auch verkommen gewesen sein, in meiner inneren Einsamkeit waren mir diese Erzählungen jedenfalls eine höchst willkommene Abwechslung. Ich erhielt Einblicke in Lebensbereiche, die mir sowohl vorher als auch in meinem späteren Leben verwehrt blieben. Ich erlebte kumpelhafte Kameradschaftlichkeit, ich bekam Verständnis für die Welt jenseits meines bislang behüteten, gutbürgerlichen Daseins. Ich muß gestehen, daß sich in dieser Umgebung eine gewisse Sympathie für die, nennen wir es einmal Unterwelt, meiner bemächtigte.

Meine Pflichtverteidigerin, eine Frau Dr. Schmelzeisen-Servas, die nach dem Rückzieher von Rechtsanwalt Sack meinen Fall übernommen hatte, bekam ich wochenlang kein einziges Mal zu Gesicht. Keine Unterhaltung über die einzelnen Punkte der Anklageschrift, keine Abstimmung, wie ich mich zu verhalten, was ich bei einer eventuellen erneuten Vernehmung, was ich bei der bevorstehenden Verhandlung vor dem Volksgerichtshof zu sagen hätte. Kein Wort. Keine Hilfe.

Erst am 15. November, zwei Tage vor der alles entscheidenden Verhandlung, sah ich sie zum ersten Mal. Das war der Rechtsbeistand im Großdeutschen Reich, die juristische Beratung, wo es um Leben und Tod eines Menschen ging!

In meinen vier Zellenwänden hätte ich aufschreien mögen. Wo blieb eine Hilfe? Gab es denn draußen keine aufgestaute Empörung ob dieses schreienden Unrechts? Gab es keinen Menschen, der mir beistehen, der mir ein Wort des Trostes sagen, einen Rat geben konnte? Welcher Spruch schmückte unsere Zellenwand, von irgendeinem Vorgänger eingeritzt? »Wer nie sein Brot mit Tränen aß, wer nie auf einer Jungfrau Bette saß, der kennt Euch nicht, Ihr himmlischen Mächte.«

Nur meine Zellenkameradinnen waren da. Doch eine innere Bindung zu ihnen konnte sich nicht entwickeln. Herkommen, Vergangenheit, ihr Leben im Abseits der menschlichen Gesellschaft, ihre völlig andersartigen Gewohnheiten verhinderten das. Kein Wunder.

Dabei waren sie nicht unnett. Sie sparten auch nicht mit Worten des Mitgefühls, des Trostes. Nicht sie waren die wirklichen Verbrecher, nein, ich war es. Ich hatte mich todeswürdiger Vergehen schuldig gemacht. Mein vorlautes Mundwerk wog viel, viel schwerer in der Waagschale der NS-Gerechtigkeit als Taten, die seit Jahrtausenden als verwerflich gelten. Zu Recht schien mir Justizia, die Göttin der Gerechtigkeit, blind zu sein. Unmittelbar vor dem 17. November 1944 teilte man mir mit, daß am Vormittag dieses Tages meine Verhandlung wäre. Die gefürchtete Verhandlung vor dem Volksgerichtshof unter seinem Vorsitzenden Dr. Roland Freisler.

Das Urteil

Volksgerichtshof und Freisler – beide sind inzwischen zu Inbegriffen von Ungerechtigkeit, Gemeinheit und Justizterror geworden. Was eine Institution der Gerechtigkeit oder wenigstens der Suche nach ihr sein sollte, pervertierte unter seinen Händen zur Sucht nach Mord, Rache und brutaler Unterdrückung. Bluturteil reihte sich an Bluturteil.

Freisler genoß seinen Blutrausch in vollen Zügen. Alles geschah im Namen seines diabolischen Herrn und Meisters, des Tyrannen Adolf Hitler. Meiner harrte eine volle Kostprobe der NS-Justiz unter der Regie ihres geifernden Henkers.

Ein geschlossener Kastenwagen, im Volksmund »Grüne Minna« genannt, brachte Barbara Sensfuß, Fräulein Törber und mich von Moabit zum Volksgerichtshof. Hier traf ich nunmehr zum zweiten Mal mit meiner Pflichtverteidigerin Frau Dr. Schmelzeisen-Servas zusammen. Ich wollte und will vergessen, verdrängen, was ich an Schrecknissen damals erleben mußte, und es fällt mir schwer, alles wieder in die Erinnerung zurückzurufen. Deshalb ist manches, das in den folgenden langen Stunden der Verhandlung geschah, aus der Erinnerung geschwunden. Ich war auch viel zu aufgeregt, innerlich zu aufgewühlt, um alle Einzelheiten aufnehmen zu können. Ich weiß noch, daß meine Verteidigerin mir mitteilte, mein Stiefvater sei gekommen und säße im Verhandlungssaal. Sie befragte mich dann zu verschiedenen Einzelheiten, welche die Anklagepunkte betrafen, ob ich ihr Erklärungen, Entschuldigungen geben könne – und ob ich bereue.

Doch ich war verstockt und zutiefst enttäuscht über die Zurückweisung durch Rechtsanwalt Dr. Sack, so daß ich mit dieser Frau, die weder ich noch meine Mutter bestellt hatten, nichts zu tun haben wollte. Sie war mir im Gegenteil ausgesprochen unsympathisch, und ich zeigte und sagte es ihr deutlich.

Sie war natürlich beleidigt. Wie ihre Verteidigung ausgefallen ist, kann man sich vorstellen.

Ein Beamter führte Barbara Sensfuß, Fräulein Törber und mich in den Saal. Ich erschrecke heute noch, wenn ich mich an das zurückerinnern muß, was nun geschah. Riesig erschien mir der Saal. Viele Menschen harrten des schaurigen Schauspiels, das kommen sollte. Voller Spannung, Erregung, gruseligem Sadismus verfolgten sie erwartungsvoll wie in einem spannenden Kriminalstück, wenn schon nicht die Hinrichtung, so doch wenigstens die Vorstufe hierzu. So ähnlich mögen sie einst zu Hunderten und Tausenden während der Französischen Revolution das Schafott umstanden haben, um mit genußvollem Erschauern die blutige Arbeit der Guillotine und den Massenmord an den Aristokraten zu beobachten.

Ein Teil der Zuschauer, Soldaten, Offiziere, war abkommandiert in der Absicht, ihnen vor Augen zu führen, was mit den Regimegegnern im Dritten Reich geschah. Ein abschreckendes Beispiel sollte sie das Fürchten lehren und veranlassen, weiterzuberichten, was sie gesehen hatten. »Hütet euch! Folgt blind dem Führer! Tut ihr es nicht, geschieht euch, was ihr im Volksgerichtshof miterleben mußtet.«

Ein anderer Teil bestand aus Neugierigen sowie aus SA- und SS-Männern in ihren braunen und schwarzen Uniformen. Diese wollten sich am Untergang eines Menschen, in diesem Fall einer jungen Frau und, bitte sehr, einer veritablen Baroneß ergötzen. Erst einundzwanzig Jahre alt? Desto besser, desto kribbelnder das Erlebnis, desto wuchtiger die Abschreckung der Regimegegner und verhaßten Volksfeinde. Sie freuten sich im voraus darauf, einen neuen sensationsgeladenen Gesprächsstoff für den Kreis ihrer Familie, den Stammtisch am Wochenende zu erhaschen.

Sie alle saßen auf Bänken an der einen Längsseite, inmitten des Saales und der bei meinem Eintreten mir gegenüber gelegenen Querseite. An der anderen Längsseite stand ein langer Tisch, an dem die Richter Platz nehmen sollten.

Die Wände waren kalkweiß gestrichen. Vor dem Richtertisch waren mehrere Stühle für uns Angeklagte und die links und rechts sitzenden Wachbeamten aufgereiht. Diese befahlen uns schon vor der Verhandlung barsch, uns zu erheben, sobald das Wort an uns gerichtet würde. Hinter dem Tisch der Richter hing, auf schneeweißem Hintergrund von der Decke bis zum Boden reichend, die blutrote Fahne der Nationalsozialisten mit dem schwarzen Hakenkreuz. Vor der NS-Flagge überlebensgroß die Bronzebüste Adolf Hitlers mit seinem albernen zahnbürstenähnlichen Bärtchen auf der Oberlippe. Sah man damals auf der Straße einen Mann mit dieser lä-

cherlichen Barttracht, so wußte man sofort, daß man es
mit einem fanatischen Nazi zu tun hatte. Und es gab
viele, die so herumliefen.

Ich mußte die ganze Zeit auf dieses gewaltige, bedrük-
kende Symbol des NS-Terrors starren. Es hypnotisierte
mich. Es fiel mir schwer, meinen Blick abzuwenden.
Wieder und wieder schlug das rote Tuch meine Augen in
seinen Bann, aus dem mich erst der gebrüllte Befehl
»Aufstehen« herausriß. Hier herrschte militärischer
Kommandoton, sowohl seitens der Beamten als auch
später seitens des Richters.

Das Gericht trat ein. Rote Roben, rotes Barett. Vorweg
des Despoten Teufel in Person: Dr. Roland Freisler.
Selbst seine Augen schienen mir rot zu sein. Ihm folgten
weitere Richter und Beisitzer. Freisler und seine fünf
Kollegen in Rot, unter ihnen drei NS-Bonzen, sowie
vier Beisitzer in SA-, grauer Waffen-SS-, schwarzer SS-
und Wehrmachts-Uniform. Alles schön sortiert. Alle
einheitlich, gleichgeschaltet. Wo sollte da ein Widerspruch herkommen? Wer von diesen würde auch nur
eine Hand für das Recht des Angeklagten heben? NS-
Gerechtigkeit!

Mir wurde sogleich klar: Hier bist du verloren. Du
kannst sagen, was du willst, dein Urteil steht von vornherein fest. Der Bluthund mit seinen roten Augen hat es
längst beschlossen. In meinem Inneren wuchsen Opposition, Auflehnung und Widerspruch, aller Bedrückung
und Einschüchterung zum Trotz.

Der Trupp des Henkers und seiner Helfershelfer setzte
sich, nahm das Barett ab, legte es auf den Tisch. Die Verhandlung begann.

Ich sehe heute, nach dreiundvierzig Jahren, nur noch

den Rotäugigen mit seiner roten Fahne im Rücken vor mir. Verschwunden sind aus meiner Erinnerung meine Verteidigerin, die Freislerschen Kollegen, die uniformierten Beisitzer, die Zuschauer, ausgelöscht, nicht mehr vorhanden, versunken in tiefster Vergessenheit. Erst nach der Urteilsverkündung traten sie wieder in mein Bewußtsein.

Man begann mit der Verlesung der Personalien. »Angeklagte Schade!«

Ich schoß in die Höhe.

»Name, Geburtsort.«

Ich antwortete wahrheitsgemäß: »Burg Zieverich.«

Höhnisches Gewieher war die Antwort. »Was heißt hier Burg?«

Als erste kam Barbara Sensfuß an die Reihe. Ihr Verteidiger schob alle Schuld auf ihren Verlobten, Major von Salviati. Sie sei ihm hörig gewesen. Von sich aus – der Vater immerhin ein verdienter General der Wehrmacht – sei sie keiner Opposition gegen den Nationalsozialismus fähig. Ein unerfahrenes, unschuldiges Mädchen in den Händen eines raffinierten politischen Verführers.

Ich war empört. Ich war mit Salviati nie befreundet gewesen, aber ich habe ihn stets als ehrlichen, aufrichtigen Offizier geachtet. Es erfüllte mich mit Ekel, anhören zu müssen, wie ihm alle Schuld in die Schuhe geschoben wurde, um die eigene Haut zu retten. Nein, ich werde das nicht tun, schwor ich mir.

Die Vernehmung Fräulein Törbers war Nebensache. Die Vorwürfe gegen sie eine Bagatelle.

Ich wußte, wohin die Reise ging: Ich war der Hauptübeltäter, wurde am strengsten behandelt. Die anderen beiden Kameradinnen genossen manche Erleichterung.

Als Barbaras Vater, der General, von der Verhaftung seiner Tochter erfuhr, soll er gesagt haben: »Wenn meine Tochter wirklich so gefehlt hat, so entartet sein sollte, krümme ich keinen Finger für sie.«

Er wird es dennoch getan haben. Der Prozeßausgang ließ darauf schließen.

Schließlich kam die Reihe an mich. Ich fühlte mich wie zur Schlachtbank geführt, glaubte zu erkennen, wie sich Freisler genüßlich die Lippen leckte. Ich will mich noch einmal zurückerinnern, an Dinge, die ich vergessen wollte, mag mir auch das eine oder andere trotz besten Willens endgültig entfallen sein. Noch heute habe ich Angst, empfinde unüberwindliche Beklemmungen, wenn ich eine Uniform sehe, einem einfachen harmlosen Beamten gegenüberstehe, schon gar einem Polizisten. Ich werde kopflos. Wer nicht erlebt hat, was ich erlebte, wird es nicht verstehen können. Stehe einmal einer, der nichts verbrochen hat, es sei denn, man bezeichnet mündliche Äußerungen des Unmutes und Protestes als todeswürdiges Kapitalverbrechen, vor der Inkarnation nackter brutaler Gewalt. Wie lächerlich einfach war es doch für ihn, den hilflosen Angeklagten aus seiner sicheren Position heraus anzubrüllen, sich dabei zu brüsten und seine Macht zu genießen. Eine andere Tonart kannte Freisler nicht, und nichts, gar nichts, konnte man dagegen tun, sich nicht verteidigen. Was schrie er mir entgegen?

»Halt den Mund. Dumme Gans! Der Angeklagte lügt immer!«

Freislers Gestalt straffte sich bei diesen Worten. Ich sah ihm an, wie genußvoll er sich dem Bonbon des Tages zuwandte: Die Leckerei der Stunde für ihn war ich.

»Angeklagte Schade! Aufstehen!«

Ich erhob mich. Vor mir: rote Augen, rote Fahne. Wohin ich blickte: Rot, nichts als Rot. Was sollte, was konnte ich sagen, wie mich rechtfertigen? Bei dieser schlagenden Argumentation des Richters blieb mir nichts anderes übrig, als lediglich mit einem Ja oder Nein zu antworten. Ich hatte resigniert. Zu Recht. Für Freisler stand ich als Haupttäterin von vornherein fest und damit das zu fällende Urteil.

Ich war ja adeliger Geburt, und in jenen Monaten galt bereits das als Verbrechen, ausreichend, um nach damaliger Auffassung in mir den hauptschuldigen Verbrecher zu sehen.

Nur Freisler redete, wenn man sein Geifern als Reden bezeichnen kann. Punkt für Punkt verlas er voll Pathos und mit vor Empörung bebender Stimme die Anklagepunkte. Mit großem theatralischem Gehabe zitierte er aus der Anklageschrift den schon bekannten Satz mit dem »Scheißgefreiten« – in der damaligen Zeit gewiß ungeheuerliche Worte. Ein Raunen des Entsetzens ging durch die Zuschauer. So manch wackerer NS-Kämpe im Saal wurde durch diesen rüden Satz bis ins großdeutsche Mark getroffen. In der Tat, ich mußte allen gläubigen Nationalsozialisten als Ausbund der Verkommenheit erscheinen. Der geliebte Führer ein »Scheißgefreiter«? Der größte Feldherr aller Zeiten den Generälen in die Tasche gekackt? Oder noch schlimmer? Das eine so verwerflich wie das andere. Nur die Ausgeburt einer dekadenten und verrotteten adeligen Schlampe konnte derart Entsetzliches gesagt haben. Als welch undeutsches Ungeheuer muß ich ihnen erschienen sein!

Welch ein ideales, formfähiges Auditorium für den Blutrichter! Wie konnte sich da seine Schreisucht austoben! Ich riskierte, darauf hinzuweisen, daß das Wort »gekackt« nicht zu meinem Wortschatz gehörte, daß ich diesen Satz in der verlesenen Form also nicht gesagt haben konnte. Ich kam jedoch gar nicht dazu, dieses Wort durch das von mir gebrauchte, noch deftigere zu ersetzen. Freislers Stimme erhob sich zu empörtem Gebrüll, hatte ich ihm damit doch nur die Möglichkeit voller Entfaltung all seiner schauspielerischen Begabungen verschafft.

Einmal zur Stellungnahme aufgefordert – besser »aufgeschrien« –, antwortete ich nur lapidar: »Die Angeklagte lügt ja immer!« Und schwieg.

Ein geifernder Monolog des Richters folgte und erfüllte den Saal. Selbstgefällig argumentierte er, berauschte sich an seiner Suada. Versuchte ich einen Einwand, fuhr er mir brüllend über den Mund. Ich entsinne mich nicht, daß einer der anderen Rotberobten, schon gar nicht die uniformierten Beisitzer, je den Mund aufgemacht hätten. Sie waren nicht mehr als Statisten. Doch das war auch nicht nötig, denn ihr Herr und Meister setzte sich in einer Weise in Szene, die ohnehin keinen weiteren Hauptakteur geduldet hätte.

Als besondere Delikatesse zur Beeinflussung seines Auditoriums hatte sich Freisler gleichsam als i-Punkt seiner Beweisführung die Verlesung eines Briefes meiner Schwester bis zum Schluß seiner Philippika aufgespart. Es war dies ein Brief, der an mich im Untersuchungsgefängnis Moabit gerichtet war. Natürlich hatte er mich nicht erreicht, sondern war der Gefängniszensur in die Hände gefallen, worauf er sogleich unter das Belastungsmaterial eingereiht wurde. Sie berichtete mir darin, bestimmt nicht böswillig, aber unüberlegt und für mich in meiner bedrückenden Gefängnissituation nicht gerade erheiternd, von einer Geselligkeit mit verschiedenen Soldaten der meinem Elternhaus nahegelegenen Kaserne. Sie erzählte, wie lustig es gewesen sei, wie sie getanzt und was sie »gesoffen« hätten. Auf die Laternen seien sie geklettert vor Übermut.

Ha, war das für Freisler ein gefundenes Fressen! Dabei hatte ich den Brief ja gar nicht geschrieben, aber wie wirkungsvoll ließ sich damit die Meinung der Zuschauer manipulieren. Mit gut gespielter Entrüstung stieß er brüllend hervor:

»Das ist die Familie, die Umgebung, der die Angeklagte entstammt.« Und mit sich überschlagender Stimme geiferte er weiter: »Sage mir, mit wem du verkehrst, und ich sage dir, wer du bist!«

Meine Vernehmung war damit zu Ende. Mein Fall konnte damit praktisch ad acta gelegt werden. »Setzen!«

Es folgte – wohl nur noch der Form halber – die Vernehmung der Belastungszeugen. Gräfin Seckendorf und Fräulein Elfriede Dietz wurden aufgerufen. Während sie zu den Anklagen gegen Barbara Sensfuß und Käthe Törber kaum etwas zu sagen hatten, sich nicht erinnerten, Ausflüchte suchten, wußten sie über alle Details, die mich betrafen, bestens Bescheid. Übereifrig breiteten sie vor Freisler aus, was sie aufgeschnappt hatten, und waren dabei sichtlich bemüht, mich zu belasten, wo sie nur konnten.

Warum nur? Ich konnte es nicht verstehen. Ich vermag mich nicht zu entsinnen, sie je gekränkt oder verletzt zu haben. Warum haßten sie mich? Warum wünschten sie mir den Tod? Ich weiß es bis heute nicht. Die mitangeklagte Käthe Törber hatte dagegen die Courage, sich für mich einzusetzen, falsche Aussagen zu meinen Gunsten zu berichtigen.

Doch eine energische Verwarnung Freislers, sich nicht selbst zusätzlich zu gefährden, ließ sie eingeschüchtert verstummen.

So blieb ich allein und einsam auf der Strecke, freigegeben zum Abschuß durch den Rotäugigen. Wie leicht hat es der Mächtige, durch Einschüchterung sich Willfährigkeit zu erzwingen!

Schließlich kam meine Verteidigerin zu Wort. Doch was für ein Plädoyer, das doch von Rechts wegen zu meinen Gunsten hätte ausgeführt werden müssen! Frau Dr. Schmelzeisen-Servas aber sah ihre Aufgabe mehr darin, mich zu belasten als zu entlasten. Ich erschien ihr wohl als ein hoffnungsloser Fall, für den es sich nicht lohnte, sich einzusetzen. Dr. Sack hatte es ohnehin beizeiten vorgezogen, seinen guten Ruf nicht meinetwegen aufs Spiel zu setzen, und das Mandat niedergelegt. Was sollte sich da eine Pflichtverteidigerin groß engagieren? Im Gegenteil: Durch mangelnden Einsatz für ihren Mandanten konnte sie ihre Linientreue zur NS-Bewegung eindrucksvoll demonstrieren. Ich hörte ihre Stimme, entsinne mich aber nicht, sie gesehen zu haben. Sie ist mir nicht mehr vor Augen. Die Erinnerung an sie ist ausgelöscht.

Das hohe Gericht zog sich zur Beratung zurück. Wir saßen schweigend und bedrückt auf unseren Stühlen, ich zutiefst erregt. Wir harrten unseres Urteilsspruches, wir armen Sünder.

Mutter und Großeltern beim Ausritt

Großvater von Langen lenkt einen Viererzug

6 Mit Mutter und Schwester Gisela im Zievericher Park

Großmutter mit vier ihrer Enkelinnen bei der Kahnfahrt

8 Hoch zu Roß auf meinem ersten Pony

9 Auf Alarich bei einer L-Dressur 1934

Es währte nicht lange. Warum auch? Alles war ja ohnehin beschlossene Sache.

»Aufstehen!«

Das hohe Gericht erschien erneut. Rote Roben. Rote Baretts. Man setzte sich, nahm das Barett ab, legte es zur Seite.

»Angeklagte Barbara Sensfuß. Aufstehen!«

»Freispruch!«

»Angeklagte Törber. Aufstehen!«

»Freispruch!«

Schwache Hoffnung keimte auf. Wenn die beiden freigesprochen wurden, müßte ich eigentlich mit zehn, zwanzig Jahren Freiheitsentzug davonkommen. Was waren in der damaligen Zeit zehn Jahre? Ja, was lebenslänglich? Der Krieg näherte sich seinem Ende und mit ihm, davon war ich fest überzeugt, auch das »tausendjährige Reich«. Doch meine keimende Hoffnung beendete jäh der Kommandoruf: »Angeklagte Schade. Aufstehen!« Ich schrak hoch, stolperte über meine Füße, verlor kurz das Gleichgewicht.

Brüllendes Geschrei Freislers war die Reaktion: »Tu nicht so, als ob du ohnmächtig würdest. Du bist kräftig und bester Verfassung!«

Als so jung schätzte er mich denn doch ein, daß er mich mit »du« anredete. Ein altersbedingtes »Sie« schien ihm noch nicht angemessen.

Rote Augen, rote Robe, riesig groß die rote Fahne.

»Wegen Wehrkraftzersetzung, Feindbegünstigung, defätistischer Äußerungen und Landesverrat verurteile ich Sie zum Tode!«

Genußvoll verlas Freisler die Begründung des Urteils.

»Sie hat die Meuchelmörder vom 20. Juli verherrlicht,

das Mißlingen des Mordanschlages auf unseren Führer bedauert, unseren Führer verächtlich zu machen gesucht und in schamloser Selbsterniedrigung mit einem Russen sich politisch unterhalten.«

Todesurteil!

Ich muß gestehen, die ungeheure Tragweite dieses Urteils drang nicht in mein Bewußtsein.

Todesurteil? Das gab es ja gar nicht. Das konnte nicht mir gelten. Das war lächerlich. Gesund war ich und kräftig. Freisler hatte es mir gerade attestiert. Damit sollte es plötzlich zu Ende sein? Unmöglich! Der mochte sagen und schreien, was er wollte, ich war gesund und am Leben und würde es bleiben. Was scherte mich sein Gebrüll!

Ich wandte mich um, meinen Stiefvater unter den Zuschauern zu suchen.

Statt seiner erblickte ich Gräfin Seckendorf, meine Belastungszeugin, und das triumphierende, höhnische Lachen auf ihrem Gesicht ließ mich erstarren. Was war das? Was hatte ich ihr getan, daß mein Tod sie mit hämischer Freude erfüllte? Ihren Blick und Gesichtsausdruck habe ich bis heute nicht vergessen und werde ihn bis an mein Lebensende nicht aus der Erinnerung verdrängen können. Ich sank zurück auf meinen Stuhl.

Man führte uns hinaus. Ein junger Beamter erschien. Er sah gut aus.

»Erschrick dich nicht«, sagte er mir mit unsicherer, ja mitleidvoller Stimme. »Schrei nicht. Denn es wird dir nichts helfen. Ich muß dich fesseln. Nimm die Hände auf den Rücken.«

Ich ging als letzte von uns Angeklagten, vorbei an den aufgestandenen und zum Aufbruch bereiten Zuschau-

ern. Oh, sie waren alle auf ihre Kosten gekommen! Ich erblickte meinen Stiefvater. Er kam zu mir, legte seinen Arm um meine Schultern, mir Erinnerung an elterliche Geborgenheit bietend. Doch sofort donnerte hinter meinem Rücken die schneidende Stimme des Schergen: »Der Mann soll seinen Arm von der Frau nehmen!«
Das war nationalsozialistische Menschlichkeit.
Fort wollte ich, nur weg von diesen schrecklichen Menschen. Nahm denn dieses Spießrutenlaufen gar kein Ende? Was riefen mir die Zuschauer entgegen, was riefen sie hinter mir her?
»Recht so, du Schwein!«
»Den Kopf soll man dir abschlagen, Verräterin!«
»Rübe ab!«
»Krepieren, je eher, desto besser!«
Doch hörte ich auch andere Stimmen, wenn auch nur verzagt und geflüstert:
»Kopf hoch! Gib nicht auf!«
»Komm, laß dich nicht unterkriegen!«
»Nicht verzweifeln! So schlimm wird es schon nicht werden.«
Habt Dank, ihr, die ihr mir eure Worte der Anteilnahme sagtet. Ich kenne euch nicht, nie habe ich euch wiedergesehen, aber ich danke euch. Ihr schenktet mir das Bewußtsein, daß es auch andere Menschen gab als Freisler und seine Helfershelfer.
Und jener junge Offizier mit seinem Ritterkreuz am Hals? Er getraute sich nicht, mich anzublicken, wandte seinen Blick zur Seite. Was mochte er denken? So hoch dekoriert und keinen Blick für mich? Keine Courage, mein Freund? Draußen im Feld viel Mut – und wie schändlich mißbraucht. Ob ihm bewußt war, wofür er

sein junges Leben zu opfern bereit war? Für Führer, Volk und Vaterland! Nur Augen auf! Du hast hier gerade eine Lektion erteilt bekommen!

Sie führten uns hinab in einen abseits gelegenen Raum,
Barbara Sensfuß, Käthe Törber und mich. Barbaras
Mutter und Schwester Jutta, mein Stiefvater und noch
einige andere Angehörige erwarteten uns. Die Fesseln
wurden mir abgenommen.

Barbara Sensfuß setzte sich so, daß sie mir den Rücken
zukehrte. Nicht ein Wort hatte sie für mich, keinen
Blick, keine noch so kleine Geste des Mitgefühls. Mein
Stiefvater hatte mir heimlich einige Zigaretten zugesteckt. Das ließ Barbara ihr Schweigen brechen und
mich um eine Zigarette bitten. Ich gab sie ihr und hatte
sie doch selbst bitter nötig. Mir winkte nicht, wie Barbara Sensfuß, die baldige Freiheit, sondern die Vollstreckung des Todesurteiles.

Ihre einzigen Trostworte für mich beim baldigen Abschied waren: »Es wird schon nicht zur Hinrichtung
kommen.«

Einsam und verlassen blieb ich zurück. Sie hat mich zutiefst gekränkt. Wenige Jahre nach Kriegsende ist sie
eines traurigen Todes gestorben. Sie kann nichts erwi-
dern. Ich trage ihr nichts nach. Was mag sie bewegt
haben? Eigenes Glücksempfinden, Unfähigkeit, sich in
jenem Augenblick in mich hineinzuversetzen? Ich weiß
es nicht. Aber es war sehr bitter für mich.

Barbaras Mutter hingegen kam zu mir, streichelte
meine Arme und fand tröstende Worte. Vor allem ihre
Schwester Jutta legte ihren Arm um mich und gab mir
einen Kuß. Gute Worte der Anteilnahme hatte sie für
mich. Ich kannte sie kaum, doch wie war ich ihr dank-

bar! Unvergessen blieb mir ihre Herzlichkeit, die keine Furcht vor den strafenden, drohenden Blicken des Bewachungspersonals hatte. Habe ich auch ihre Nähe in späteren Jahren nicht gesucht, ihren mutigen, schwesterlichen Beistand habe ich nicht vergessen.

Verkrampft war die Unterhaltung mit meinem Stiefvater. Sie währte nicht lange. Er verabschiedete sich bald, er habe eine Verabredung zum Abendessen. Ich blieb zurück, allein, verlassen, einer dunklen Zukunft entgegenharrend. Was würde mit mir geschehen? Würde man mich hinrichten? Sollte wirklich das Fallbeil mein Schicksal sein?

Unsinn! Ich war gesund und kräftig. Mein Leben konnte nicht zu Ende sein. Was hatten die Kartenlegerinnen gesagt? Nichts würde mir geschehen. Mut hatten sie mir gemacht. Mochte ihre Methode auch noch so obskur sein, ich glaubte daran. Sie gab mir Mut und Vertrauen. Sie und meine Jugend. Mochte mein Richter mich verurteilen, wozu immer er wollte. Ich würde überleben, alles überstehen.

Wir schrieben den 17. November 1944. Wenn auch nur bruchstückhaft, so waren doch etliche Nachrichten über das Geschehen an den Fronten in unsere Zelle gedrungen. Unaufhaltsam drängten die westalliierten und russischen Truppen die Hitlerschen Armeen gegen die großdeutschen Grenzen zurück. Es konnte, und ich gestehe, daß ich es inständig hoffte, nur eine Frage der Zeit sein, und die feindlichen Truppen würden die deutschen Grenzen überschreiten, Deutschland besetzen, dem Nazi-Spuk ein Ende bereiten, uns befreien.

Nacht für Nacht, Tag für Tag überflogen die amerikanischen und englischen Bombengeschwader Deutsch-

land, zerbombten die deutschen Städte. Zu Hunderttausenden kamen unschuldige Menschen ums Leben.
Der Tod hielt eine entsetzliche, blutige Ernte. Es war
der Blutzoll, den unser Volk für die Vermessenheit, für
die Verbrechen der Nationalsozialisten zu zahlen hatte.
Welch ein unendliches, unsagbares Elend war über
unser Land gekommen. Schwer würde es nach diesem
verlorenen Krieg werden. Ob uns überhaupt eine Zukunft blieb?
Was sagte man seit Monaten, schon als ich noch in Freiheit war? »Genießt den Krieg! Der Frieden wird fürch-
terlich.«
Welch makabrer Galgenhumor. Doch ich würde frei
sein. Der Tag der Vergeltung für die entsetzlichen Taten
der vielen Verbrecher und Volksverderber würde anbre-
chen. Alles würde besser sein, ein neuer Anfang gemacht werden.
Zwölf Jahre der tiefsten Erniedrigung unseres Volkes
würden Geschichte – welch traurige Geschichte –, Vergangenheit geworden sein. Wir würden wieder neu anknüpfen an die große Vergangenheit unseres Volkes, das
unendlich Großes in seiner Geschichte geleistet hatte,
und unser zertrümmertes Land wieder aufbauen.
So war die Lage außerhalb unserer Gefängnismauern.
Natürlich hielt ich mir dies alles in jenen Augenblicken
nicht vor Augen. Aber es saß in meinem Innersten, in
meinem Unterbewußtsein. Woher hätte ich sonst diesen
festen Glauben an mein Überleben nehmen sollen? Ich
wußte mit fester Zuversicht, daß ich dies alles überstehen würde. Es konnte und durfte einfach nicht geschehen, daß derart gemeines Unrecht siegen sollte.
Ich war ruhiger, gefaßter, als es meiner Situation ange-

messen war. Natürlich fragte ich mich: Die anderen sind frei. Warum wurde ich als einzige verurteilt? Warum zum Tode?

Doch selbst diese schwere, schmerzliche Stunde in einem Raum des Volksgerichtshofes ging vorüber. Ich wurde abgeholt. Erneut legten sie mir Handschellen an. Sie wurden die kommenden Monate in der Barnimstraße meine unentrinnbaren Begleiter. Nur zum An- und Ausziehen wurden sie mir abgenommen. Alles wurde damit zum Problem, das Essen und Trinken und das Schlafen. Jeder Handgriff, sonst eine Selbstverständlichkeit, machte größte Schwierigkeiten. In den Zellen, die meiner harrten, war ich immer die einzige Gefangene mit Handschellen, wie ich auch stets die einzige Todeskandidatin gewesen bin.

Ich wurde in meine Gemeinschaftszelle in Moabit zurückgebracht.

»Wie war es?«

»Welches Urteil hast du bekommen?« Viele Fragen stürmten auf mich ein.

»Todesurteil!« antwortete ich.

Manch tröstendes Wort sagten sie mir. »Unsinn! Der Krieg ist bald vorüber. Dann hast du alles vergessen. Laß den Kopf nicht hängen!«

»Kommst du ins KZ?«

»Ich glaube nicht. Es wurde nichts davon gesagt.«

»Mensch, sei froh! Dann bleibst du bei der Justiz. Das ist besser als ins KZ mit den Drecks-SS-Kerlen.«

Nur eine Stunde ließ man mich dort. Dann steckten sie mich in eine Einzelzelle für zum Tode Verurteilte. Von der Decke tauchte ein greller, starker Strahl mich und meine Zelle in gleißendes, beißendes Licht, die ganze

Nacht hindurch. Durch einen sogenannten Spion, ein Loch in der Außentür, würde man mich beobachten. Man wollte keinen Selbstmord im Gefängnis.

An sich hätte es ihnen völlig gleich sein können, ob ein Delinquent sich selbst umbringt oder ob er den Tod durch Henkers Hand erleidet. Doch nein, alles mußte seine Ordnung haben, und das Fallbeil, ohnehin im Dauerbetrieb in jenen Tagen, sollte sein Opfer erhalten. Grell und nackt quälte mich dieses gleißende Licht. Ich klopfte an die Tür und bat die Aufsicht, den Strahler abzuschalten. Lakonisch wurde mir die Antwort zuteil: »Verboten.«

Was blieb mir übrig. Ich setzte mich auf den einzigen vorhandenen Hocker, legte meine Arme auf den Tisch und barg meinen Kopf in ihrer wärmenden Beuge. Nach zehn Minuten war ich fest eingeschlafen, um erst am nächsten Morgen wieder zu erwachen. Der Schlaf, mein bester Freund in der Gefängniszeit, war wieder einmal ein erquickender Helfer gewesen.

Im Frauengefängnis Berlin-Barnimstraße

Am nächsten Morgen wurde ich abgeholt, nachdem ich meine wenigen Habseligkeiten zusammengeklaubt hatte. Ein Gefängniswagen brachte mich ins Frauengefängnis Barnimstraße in eine Gemeinschaftszelle. Zuchthauskleidung wurde mir verpaßt. Ich trug sie bis zum letzten Tag meiner Inhaftierung und habe sie noch heute. Sie bestand aus einem schwarzen Baumwollkleid mit entsprechender Jacke. Auf ein Stück Stoff hatte ich meine Sträflingsnummer selbst einzusticken. Sie war der einzige Schmuck auf meiner düsteren Kleidung. 1505. Das war mein neuer Name, die mir zugeteilte Häftlingsnummer, bis zum letzten Tag. Mein Name war ausgelöscht, nicht mit ihm redete man mich zukünftig an, sondern nur noch mit dieser anonymen Nummer: »Häftling 1505!« So hatte man mir auch noch meinen Namen genommen. Damit begann meine Odyssee durch die verschiedenen Gefängnisse. Immer wieder begegnete mir die gleiche Art von Mitgefangenen: Kriminelle, Prostituierte, Rassenschänderinnen, wie man bekanntlich jene Frauen nannte, die mit Juden eine Liebesbeziehung eingegangen waren. Und als neue Erfahrung: Bibelforscher.
Bislang war mir nie einer begegnet. Wer waren sie, was wollten sie, was hatte ihnen den Haß der Nationalsozia-

listen eingetragen? Es war weniger das, was sie wollten, als das, was sie nicht wollten: nämlich keinen Krieg, keinen Militärdienst. Das verstieß gegen ihre Glaubensregeln, die entsprechend der christlichen Religion die Nächstenliebe zum obersten Postulat erhoben. Die Gegnerschaft zum NS-Regime war damit vorgegeben, und sie war tödlich. Man bedrohte sie mit Gefängnis und Tod. Doch sie waren unerschütterlich, keinen Deut wichen sie ab vom Weg ihrer Lehre und scheuten dabei weder Kerker noch Tod.

Ich lernte sie bewundern und achten. Die Offenbarung Johannes, die Grundlage ihres Glaubens, so meinten sie, hätte die NS-Zeit und den Krieg vorhergesagt. Immer und immer wieder verwiesen sie auf diese und jene Stelle der Offenbarung – Orakel, die mancherlei Auslegung zuließen und die eigentlich auf jede Zeit, jede ungewöhnliche Situation, anwendbar waren.

Ich war ein williges Opfer ihrer Bibelauslegung. Sie waren die einzigen, die mir eine geistige Anregung in meiner Zelle gaben. Wie einleuchtend wußten sie alles zu erklären! Welchen Mut, welche Standhaftigkeit bewiesen sie! Allein dieser Haltung wegen war ich gegenüber allem, was sie lehrten, offen und verständnisbereit. Wir schlossen Freundschaft. Sie gaben mir einen Halt in dieser trostlosen, verzweiflungsvollen Zeit tiefster Verlassenheit. Wie notwendig hatte ich sie.

Auch die Prostituierten waren natürlich eine völlig neue Erfahrung für mich. Ich wurde über Dinge aufgeklärt, die ich weder zuvor noch in meinem späteren Leben jemals wieder gehört habe. Mein Gott, was für Absonderlichkeiten gibt es doch im Zusammensein von Mann und Frau! Ich muß zugeben, daß ich ihren für mich sensationellen Erlebnissen voller Spannung gefolgt bin. Eine dieser Damen, Cläre war ihr »Künstlername«, und der Kurfürstendamm in Berlin ihr Arbeitsfeld, verstand es, die farbigsten Berichte aus ihrem Berufsleben zu geben. Trotz ihrer Vergangenheit war sie eigentlich sehr nett. Warum auch nicht. Stets zeigte sie sich hilfsbereit, freundlich, von einer wohltuend guten Laune. Ich bohrte ein wenig, um an ihren mannigfaltigen Erfahrungen teilzuhaben, und sie wurden mir auch zuteil. Bereitwillig erzählte sie mir aus dem reichen Schatz ihrer Erinnerungen an ihre bisherige berufliche Tätigkeit. Welches die umsatzträchtigsten Plätze Berlins waren, wie man am erfolgreichsten die Männer als potentielle Kunden anlockte: Ein leichtes Anheben des Rockes, heftiges und einladendes Schwenken des Hinterteils, ein auffordernder Blick über die Schultern zum Kunden mit einem verführerischen Augenzwinkern, verstohlenes Pfeifen durch die Zähne vermöchten bei manchem Verklemmten auch die letzten Hemmungen hinwegzuräumen. Na ja, und noch so manches mehr. Hatte ich auch keinen Spiegel, mich zu betrachten, so spürte ich doch, daß ich rot anlief wie eine Tomate.

Was hatten die anderen verbrochen? Eine der Frauen war im Wiederholungsfall beim Ladendiebstahl erwischt worden. Sie hatte in verschiedenen Warenhäusern mal eine Wurst, mal ein Brot und andere Dinge mitgehen lassen. Wieder eine andere hatte sich zu einer Liebelei mit einem russischen Kriegsgefangenen verführen lassen. Welch ein Verbrechen in NS-Augen! Eine Angehörige der arischen Herrenrasse hatte sich gegenüber einem slawischen Untermenschen vergessen. Als solche wurden die Russen von den damaligen Machthabern angesehen. Dieser Unglücklichen hatten sie die Haare restlos abgeschoren wie allen deutschen Frauen, die sich eines gleichen »Vergehens« schuldig gemacht hatten.

In den Gefängnissen gab es eine Bibliothek. Während den Kriminellen eine, wenn auch beschränkte und natürlich linientreue Auswahl geboten wurde, bestand meine Wahlmöglichkeit aus zwei Werken: der Bibel und Hitlers Machwerk »Mein Kampf«. Den Bibelforschern war auch die Bibel versagt. Von einer Qual der Wahl konnte unter diesen Umständen nicht die Rede sein.

Nur einmal in jenen Monaten zwischen Tod und Leben, zwischen Hoffen und Bangen, habe ich mich aufgegeben. Es hieß, jeden Freitag würden die zum Tode Verurteilten zur Hinrichtung abgeholt. Was wurde in den Zellen, in denen nichts geschah, nichts sich ereignete, kaum etwas die Gedanken anregte, die Phantasie beschäftigte, nicht alles gemunkelt, an Gerüchten ausgestreut! Rücksichtnahme auf Gefühle waren nicht gefragt. Minuziös beschrieben mir meine Zellengenossinnen, wie das Todesurteil vollstreckt würde:

»Erst rasieren sie dir den Nacken aus, kranzförmig, damit das Beil nicht gehemmt wird. Sie verbinden dir vorher die Augen, damit du nichts siehst. Schwupp. Dann fällt das Beil. Das geht ganz schnell, und du hast nicht lange zu leiden. Am Rande des Schafotts steht ein Korb, da fällt dein Kopf hinein.«

Und dabei lachten sie wie Kinder und freuten sich darüber. »Sonst rollt er noch über den Boden, den Zuschauern und Zeugen zwischen die Füße.«

Nein, welch ein Spaß! Quietschend schlugen sie sich auf die Oberschenkel, diese Schätzchen!

Nachdem sie ausgiebigst beschrieben hatten, wie die Hinrichtung vonstatten gehen würde, meinten sie mich trösten zu müssen: »Vorher fragen sie dich, ob du einen besonderen Essenswunsch hast. Du weißt ja, die Henkersmahlzeit. Du kannst dir dann irgend etwas Leckeres bestellen und es dir gut schmecken lassen.«

»Danke!« erklärte ich. »Eine Zigarette würde mir lieber sein.«

Wirklich herzig waren sie! Wenn es mir auch kalt den Rücken hinunterlief, so hörte ich doch voller Interesse zu, als ob es nicht um meinen Kopf ginge. Woher sie ihr profundes Wissen allerdings hatten, wußte ich nicht.

Meine Mithäftlinge gingen tagsüber zum Arbeitseinsatz. Nur ich als Todeskandidatin war hiervon ausgeschlossen. Wenn sie zurückkamen, berichteten sie, unterhielten sich über das, was sie am Tage gehört, an Gerüchten aufgeschnappt hatten. Begierig lauschte ich ihrem Gerede, denn es war meine einzige Abwechslung.

Mit drei oder vier Frauen hatte ich meine Zelle zu teilen, eine Zelle, in der es nur ein Bett gab, und das stand der zum Tode Verurteilten zur Verfügung. Warum das so war, weiß ich nicht. Wahrscheinlich wollte man dem baldigen Delinquenten seine letzten Nächte auf dieser Erde ein wenig erleichtern. Wer bald für alle Ewigkeit ohne Kopf unter der Erde schlief, der sollte wenigstens, solange er ihn noch auf den Schultern trug, halbwegs komfortabel in einem Bett ruhen dürfen.

Eines Tages hatten wir alle Läuse. Meinen Zellengenossinnen, die in einer dunklen Vergangenheit einer zwielichtigen Tätigkeit nachgegangen waren, schnitt man kurzerhand alle Haare ab und verpaßte ihnen eine sogenannte Packung, um die Läuse radikal zu beseitigen. Auch ich wurde hinaus auf den Gang vor unsere Zelle gerufen. Ich wußte warum. Mir wollte man ebenfalls die Haare abschneiden, denn die Läuse hatten auch mit mir keine Ausnahme gemacht. Mein Protest war nicht ohne Erfolg. Die Beamtinnen, mit denen ich zu tun hatte, akzeptierten die Verschiedenheit des Herkommens ihrer Häftlinge, differenzierten auch zwischen kriminellen und politischen Delikten. Ich war mit Abstand die Jüngste, begegnete ihnen stets höflich, hob auf, wenn ihnen etwas hinfiel, und war deshalb allgemein wegen guter Führung wohlgelitten. Mitleid mit meinem Todesurteil spielte gewiß ebenfalls eine Rolle, vielleicht auch eine kritische Einstellung gegenüber dem Regime, wer wußte das schon. Keiner ließ sich ins Herz schauen, schon gar nicht von einem hoffnungslosen Fall, wie ich es war.

Kurz und gut, sie schnitten mir als einziger nicht die Haare ab. Nur eine Packung erhielt ich. Mit Erfolg. Die Läuse wurden vernichtet.

Doch diese Sonderbehandlung und das Vorrecht der Benutzung des einzigen Bettes weckten Neid, ließen trotz meiner schrecklichen Lage Mißgunst aufkeimen. Sie sannen also auf Rache, wollten mir eine Lektion erteilen. Und das mit Erfolg. Es wurden die entsetzlichsten Stunden, der tiefste Abgrund meiner gesamten Haftzeit.

Es war Donnerstag. Der Freitag stand bevor, der Tag der Gefahr. Würde es mein letzter Tag sein? Würde man mich abholen? Mit welcher Angst und Beklommenheit sah ich Woche für Woche dem Freitag entgegen, horchte auf den Gang hinaus: Näherten sich Schritte, starrte ich gebannt auf die Tür. Würde sie sich öffnen? Würde man mich hinausrufen, abholen zur Exekution? Es war der Tag, an dem es um Leben und Tod ging. An jedem Freitag fühlte ich mein Leben an einem seidenen Faden hängen. So bewegte mich auch an diesem Donnerstag die Angst, ob ich am morgigen Abend noch am Leben sein würde.

Das wußten meine liebevollen Zellengenossinnen natürlich. Ich hörte sie des Nachts tuscheln, leise, aber doch absichtlich laut genug, daß ich verstehen konnte, worum es ging.

»Sie wird morgen abgeholt«, wisperten sie. »Zur Hinrichtung. Für sie ist es aus.«

Mehrfach hörte ich das: »Abgeholt, Hinrichtung, aus.« Ich sollte den Eindruck gewinnen, daß morgen das Todesurteil vollstreckt werden würde. Nicht, daß ich verzweifelt war. Mein burschikoses Naturell, mir sonst eher von Nachteil, bewahrte mich hier vor abgrundtiefer Niedergeschlagenheit, wie sie zu erwarten und verständlich gewesen wäre. Immerhin hatten es meine Mithäftlinge erreicht, daß ich mit dem Leben abschloß. Die Illusion meiner unzerstörbaren Jugend war dahin. Der Schlaf, der beste Freund meiner Gefängniszeit, mied mich in dieser Nacht.

Am nächsten Morgen: Schritte auf dem Gang. Klappern des Schlüsselbundes, Schlüssel in unserer Tür. Sie öffnete sich. Die Beamtin erschien.

»1505 mitkommen!«

Es war also soweit. Vorbei mein Leben, vergangen, was ich geliebt hatte. Meine Mutter, meine Schwester, die Pferde. Vorbei die schöne Sonne. Nie würde ich sie wiedersehen dürfen.

»Ich muß nur eben meine Sachen holen. Ich komme sofort.« Es war nämlich üblich, wie ich gehört hatte, daß die Delinquenten ihre dürftigen Habseligkeiten mitzunehmen hatten, wenn sie zur Hinrichtung geführt wurden.

»Wieso? Was soll das? Komm schon!« drängte die verblüffte Beamtin.

»Aber Sie holen mich doch zur Hinrichtung ab, da muß ich meine Sachen mitnehmen.«

»Unsinn! Wer sagt denn das? Los. Komm!«

Ich verlor die Nerven, fuhr die Beamtin an, ehrlich zu sein. Ich wüßte genau, meine letzte Stunde sei gekommen, meine Zellengenossinnen hätten sich die ganze Nacht darüber unterhalten. Sie solle es getrost zugeben.

»Ich weiß Bescheid. Ersparen Sie sich und mir dieses falsche Theater!«

Sie starrte mich erstaunt und verständnislos an. Mit den Worten: »Nun komm erst mal mit«, führte sie mich in einen im Erdgeschoß gelegenen Raum, der für Besucher vorgesehen war. Wer beschreibt meine Überraschung, als ich mich plötzlich meiner Verteidigerin gegenübersah.

Ob sie mich zur Hinrichtung begleiten will, fragte ich mich? Doch sie erkundigte sich lediglich nach meinem Befinden und fragte, ob ich erfüllbare Wünsche hätte. Sie habe Nachricht von meiner Mutter. Ihr ginge es gut.

Ich war derart auf die sofortige Vollstreckung meines Todesurteils fixiert, daß mir eine Unterhaltung unmöglich war. Immer wieder stieß ich hervor: »Lassen Sie mich! Ich weiß ja, daß alles vorbei ist. Ich habe es genau gehört, daß ich heute an der Reihe bin. Ich will in Ruhe gelassen werden.«

Sie wußte nicht, was sagen, was sie mit mir anfangen sollte. Sie und die Beamtin wechselten verwunderte Blicke. Ich wurde wieder hinausgeführt, zurück in meine Zelle. Beklommene Blicke erwarteten mich. Ein Gemisch aus Schadenfreude und schlechtem Gewissen stand in den Augen meiner Zellengenossinnen.

Es währte nicht lange, und ich wurde erneut hinausgerufen. Vor mir stand ein mir unbekannter Mann. Es war der Gefängnisdirektor.

Ich hatte mich noch immer nicht beruhigt. Wie sollte ich auch! Immer und immer wieder bat ich in meiner Verwirrung, endlich mit allem Schluß zu machen. Ich sei bereit: »Lassen Sie doch alles zu Ende sein!«

Er verstand es, mich mit gütigen, freundlichen Worten zu beruhigen. Dann schickte er die Beamtin fort, die ihn alarmiert hatte, um mit mir allein zu sein. Als sie gegangen war, fragte er mich väterlich: »Was ist denn nur mit dir los? Man erkennt dich ja gar nicht wieder? Was um Himmels willen ist mit dir geschehen? Warum bist du so außer dir, so aufgeregt?«

Ich erzählte ihm von dem nächtlichen Geschehen, vom aufgeregten Geflüster der anderen Frauen in meiner Zelle, daß ich mit allem abgeschlossen hätte, mit meinem Leben und allem, was ich geliebt habe.

»Unsinn!« sagte er. »Welch dummes, törichtes Zeug. Bleib ruhig, komm zu dir. Nichts wird dir passieren. Das ist alles nur eine Gemeinheit dieser Frauen. Hab keine Angst. Mein Wort, du kommst sofort in eine andere Zelle.«

Er streichelte mich und gab mir meine Ruhe wieder. Wie gut taten mir seine Worte der Anteilnahme. Wie glücklich machte mich die Berührung seiner Hand. Dann riet er mir, nie meinen Namen zu sagen, nie meine Heimat-adresse. Man wisse nie. Vielleicht würde ich eines Tages doch wieder nach Hause zurückkehren können, und ich müsse mich beizeiten vor späteren Angriffen und Er-pressungen schützen. »Du wirst gemerkt haben, mit wem du es hier in deiner Zelle zu tun hast.«

Was nütze mir das schon, erwiderte ich, da ich doch si-cher irgendwann, wenn nicht heute, so doch vielleicht schon am nächsten Freitag, hingerichtet würde. Wieder sprach mir seine streichelnde, beruhigende Hand einen wunderbaren Mut zu.

Wenn ich zukünftig Post erhielt, war stets mein Name unleserlich gemacht.

Ich ging zurück in meine Zelle. Keine Stunde verging, und die anderen Frauen wurden abgeholt. Nicht ich, sie mußten die Zelle wechseln. Statt ihrer kamen zwei an-dere Frauen in meine Zelle. Man raunte sich zu, eine von ihnen habe aus Gründen, die unbekannt geblieben waren, ihren Mann und zwei Kinder umgebracht. Son-derbarerweise sei sie nicht zum Tode verurteilt worden. Vielleicht hätten mildernde Umstände sie vor dem Schlimmsten bewahrt. Keiner wagte offen darüber zu sprechen. Sie war in den kommenden Wochen wie eine Mutter zu mir. Erinnerte ich sie an ihr ermordetes Kind? Welch sonderliche Schicksale und Menschen gab es doch.

Wieder bekam ich Post von meiner Schwester, von mei-ner Mutter. Sie war mir weiß Gott keine Hilfe, keine seelische Unterstützung. Während meine Schwester, vielleicht um mich aufzuheitern, recht forsch von flot-ten Erlebnissen draußen in der Freiheit berichtete, Par-ties, Flirts, schicken Männern, sandte mir meine Mutter

Ermahnungen, die ich in meiner verzweifelten Lage wahrhaftig nicht nötig hatte. Zu Recht müsse ich einer strengen Strafe gewärtig sein. Ich bedürfe einer harten Schule, um endlich zu lernen, mich einzuordnen, mein Mundwerk zu beherrschen.

Ja, gewiß, das mag richtig gewesen sein. Aber waren das die rechten Worte in einer Situation tiefster Erniedrigung, völliger Verlassenheit? Auch nachdem alles vorüber war, haben meine lieben Verwandten und Bekannten mir bei jeder passenden und unpassenden Gelegenheit recht deutlich zu verstehen gegeben: »Du hättest ja den Mund halten können.«

Damit waren für sie alle Probleme der Diktatur abgetan und erledigt, ihr schlechtes Gewissen beruhigt. Peinlich mag es ihnen erschienen sein, daß ein Mitglied meiner Familie im Gefängnis gesessen, gegen Gesetz und Ordnung verstoßen hatte. Doch welches Gesetz, welche Ordnung war denn das? Noch nie hatte es ein Todesurteil in der Familie gegeben. Am besten, man schweigt darüber, Schwamm drüber, vergessen, nur nicht noch mehr ins Gerede kommen. So schienen sie zu denken. Stolz, daß wenigstens eine aus der Familie sich nicht dem Terror gebeugt hatte, daß eine gesagt hatte, was alle hätten bekennen sollen? Nein, das konnte nicht erwartet werden. Das wäre wohl zuviel verlangt gewesen. Die Vorlaute, Freche, ausgerechnet die hatte gesagt, was zu bekennen ihnen der Mut gefehlt hatte. Ich fühlte mich unendlich allein gelassen. Später, als alles vorbei war, wurde es bei den meisten spürbar, das unterschwellig schlechte Gewissen: »Ich hätte auch etwas dagegen unternehmen müssen. Aber mir ging es doch gut. Genau habe ich ja auch nicht gewußt, was alles da an

Schrecklichem geschehen ist. Natürlich bin ich dagegen gewesen.« Dagegen waren sie alle! Jedenfalls nach Kriegsende.

Zuvor aber kam keiner auf den Gedanken, daß nicht ich, die man vielleicht eine Schwätzerin hätte schimpfen können, sondern der Staat, die verbrecherische »nationalsozialistische Bewegung« auch an meinem Schicksal schuldig war, daß ich nur ein unbedeutender Wurm in der gigantischen Maschinerie staatlichen Terrors war, der dringend Verständnis und Anteilnahme gebraucht hätte. Erhalten habe ich diese ersehnte Zuwendung weder von Verwandten noch von Freunden, nicht einmal von meiner Mutter – nur von jenem wildfremden Gefängnisdirektor.

Dennoch überlegte ich, wem ich in meinen letzten Tagen noch eine Freude machen konnte. Meiner Schwester schrieb ich einen Brief, als ich, den Tod vor Augen, ganz ganz tief in meinem Unglück steckte. »Wenn ich tot bin, und das wird gewiß bald der Fall sein, liebe Schwester, sollst Du meine Perlen erben. Jede Perle ist eine Träne, die ich hier geweint habe.«

Ich bin mein Leben lang nicht sentimental gewesen. Doch damals war mir so zumute.

Ich war auf dem tiefsten Punkt meines Unglücks angekommen. Ich grübelte und versuchte, über mich nachzudenken. War ich egozentrisch? – Ja, wenn ihr es sagt. Geltungsbedürftig, gerne Mittelpunkt, vorlaut, herrisch? – Ja. Gewiß auch das. Aber mußte man mir deswegen den Kopf abschlagen? Egoistisch, böswillig, unoffen und verschlagen? Nein, das war ich wirklich nicht. Bin ich nie gewesen.

So verging Tag um Tag in düsterer Stimmung, ohne Abwechslung, in ständiger Todesangst. Einmal wurde erzählt, Marika Rökk, die bekannte Schauspielerin, befände sich ebenfalls in unserem Gefängnis, weil sie sich kritisch über das Regime geäußert habe.

Die Niedergeschlagenheit hatte zur Folge, daß mir jeder Appetit verging. Dabei waren die Rationen knapp genug bemessen, und jeder schaute auf den Teller des anderen, ob er nicht zu kurz gekommen sei, ob die Kartoffel des Nachbarn nicht größer war als die eigene – animalischer Futterneid. Oft gab ich von meiner Ration den anderen etwas ab. Ich hatte mit weniger genug. So erkaufte ich mir manches Wohlwollen. Obendrein war es kalt in unserer Zelle. Die Temperatur stieg kaum über dreizehn Grad.

Während ich als Todeskandidatin die Zelle nicht verlassen durfte, verließen mich meine Mitbewohnerinnen tagsüber. Sie wurden zum Arbeitseinsatz abgeholt. Nach den häufigen Bombenangriffen mußte immer wieder der Schutt zertrümmerter Straßenzüge geräumt werden. Dabei kamen sie natürlich auch mit männlichen Strafgefangenen zusammen, und irgendwie kamen diese Männer besser an Nachrichten als wir Frauen. Sie berichteten vom unaufhaltsamen Vorrücken der gegnerischen Armeen, von pausenlosen Bombardements auf deutsche Städte und Industrieanlagen, von unendlich vielen Toten und Verstümmelten. Der Tag der Freiheit nahe!

Ein schwacher Funke der Hoffnung begann in mir aufzuglimmen und wollte nicht mehr verlöschen. Nur nicht aufgeben! Nicht den Mut verlieren! Durchhalten!

Auf diesem Weg drang auch eine Nachricht in unsere Zelle, die mich, ich gestehe es, innerlich aufjubeln ließ

und mir meinen verlorenen Glauben an eine Gerechtigkeit auf Erden zurückgab: Freisler, der Bluthund, der
mörderische Vollstrecker Hitlerschen Terrors, war tot,
erschlagen von einer Bombe! Tot! Tot! Tot!

Schon lange war ich nicht mehr so glücklich gewesen
wie bei dieser Nachricht, die mir Genugtuung gab. Wie
hatte er mich angeschrien, wie mich gedemütigt? Wie
viele hatte er gleich mir dem Tod überantwortet? Nun
war er es, den der Tod geholt hatte. Fürwahr, ein gerech-
ter Tod. Sein Name »Freund Hein« erschien mir nie
zuvor so angebracht. Nie mehr würde er Menschen ent-
würdigen können. Niemals mehr. Christliches Vergeben
und Verzeihen? Nein, danach war mir in meiner Zelle
nicht zumute.

Die Umstände seines Todes wurden ausgeschmückt,
wohl irrtümlich. Offiziere hätten den im Luftschutzkeller nur Verletzten nach draußen gezerrt und an einem
Eisenpfahl vor den Trümmern des Volksgerichtshofs
aufgehängt, wie er seine Opfer aufhängen ließ. So drangen diese und jene Nachrichten in mein Verlies und
gaben mir Mut.

Einmal am Tag, wenn es keinen Arbeitseinsatz gab,
wurden die Frauen mit Ausnahme der Todeskandidatin-
nen in den Gefängnishof geführt. Dort durften sie eine
begrenzte Zeit spazierengehen. Auch dieser Hof war
eine Quelle für Nachrichten, die ich begierig in mich
aufsog, drehten sie sich doch im allgemeinen um das
Kriegsgeschehen und das sich damit abzeichnende
Ende des Naziterrors.

Nur selten durfte auch ich einmal mit hinaus, wenn auch
mit Abstand zu allen anderen Frauen. Kein Wort durfte
mit mir gewechselt werden. Aber ich konnte endlich ein-

mal wieder frische Luft atmen, wenn es auch nur die des Gefängnishofes war. Was tat es da, daß sie staubig war und brandig roch. Ja, ich konnte sogar die Sonne sehen, diesen Inbegriff des Lebens, der Wärme, des Glückes. Auch hier legte mir wieder eine Frau die Karten. Ich war begierig nach ihrem Spruch wie eine Süchtige. Wie wird mein Schicksal, wie meine Zukunft sein? In einer Umgebung und unter Umständen, in die Todesurteil und mehrmonatige Gefängnishaft mich gebracht hatten, war ich ein williges Opfer für spirituellen Okkultismus, und gläubig harrte ich der Weissagung.

»Oh! Ich sehe einen jungen Mann. Er befindet sich in deinem Elternhaus.«

Man höre und staune.

»Du wirst ihn heiraten, und ihr werdet ganz schnell viele Kinder bekommen!«

Wie hat mir das gutgetan. Welch neue Zuversicht hat es mir gegeben! Und tatsächlich ist diese Weissagung in Erfüllung gegangen. Einige Male erhielt ich Besuch vom katholischen Pfarrer der Anstalt. Meine Mutter hatte Verbindung zu ihm aufgenommen, obwohl wir protestantisch waren. Denn sie hatte in Erfahrung gebracht, daß man durch ihn heimlich Nachrichten an inhaftierte Angehörige gelangen lassen konnte. Er ging damit natürlich ein hohes Risiko ein. Denn es war ihm strengstens untersagt, bei seinen Besuchen Nachrichten gleich welcher Art weiterzugeben. Der brave Mann aber nahm aus Menschlichkeit und gewiß auch aus Gottvertrauen die Gefahr für sein eigenes Leben auf sich – sogar für mich, die ich doch gar nicht seiner Konfession angehörte.

Er konnte mir berichten, daß meine Mutter wohlauf, zu

Hause alles in Ordnung sei. Ein Gnadengesuch habe sie eingereicht. Alles würde getan, mein Leben zu retten, mein Los zu erleichtern, das Strafmaß zu mildern. Ich möge nicht verzagen.

So fühlte ich mich nun nicht mehr so vollkommen verlassen. Ich mußte nur ausharren, so sagte ich mir, dann würde eines Tages auch für mich die Sonne wieder scheinen – nicht nur über dem Gefängnishof, in den ich ab und zu hinunter durfte.

Eine Mitgefangene zeigte mir unter großer persönlicher Gefahr, wie ich mittels einer Haarklammer meine Handschellen öffnen konnte. Zu Beginn meiner Fesselung waren sie sehr eng gespannt, so daß meine Handgelenke aufgescheuert wurden und sich entzündeten. Das Mitleid meiner Gefängniswärterin ließ sie die Handschellen lockern, bis sie wenigstens nicht mehr schmerzten und mir ein wenig mehr Bewegungsfreiheit gaben. Sie waren technisch recht unkompliziert, und nach entsprechender Einweisung gelang es mir wirklich, die Handschellen zu lösen.

Welch ein Gefühl der Erleichterung! Endlich konnte ich Hände und Arme wieder frei bewegen! Das war schon die halbe Freiheit. Doch Vorsicht! Nie durfte ich mich ohne Fesseln erwischen lassen.

Wie ich meine Handschellen geöffnet hatte, konnte ich sie auch wieder schließen. Es klappte wunderbar – jedenfalls für einige Zeit. Kaum hörte ich das Herannahen der Beamtin, schon verschloß ich wieder meine Schellen. War die Gefahr vorüber, wurden sie erneut geöffnet. Und nachts! Welch eine Annehmlichkeit, den Arm unter meinen Kopf legen zu können. Das Schlafen wurde dadurch zum Genuß. Doch eines Morgens, wel-

ches Verhängnis! Ich schlug versehentlich die Handschellen gegen einen Bettpfosten, als die Zeit des mor-
gendlichen Besuches unserer Beamtin schon bedrohlich
nahte. Die Handschellen ließen sich daraufhin nicht
mehr schließen. Geöffnet hingen sie von meinem Hand-
gelenk herab! Schon öffnete sich die Tür, die Beamtin
trat ein. Ich stand ihr gegenüber und reichte ihr mit hilf-
loser Gebärde die Arme. Ein Häuflein Unglück!
Es gab ein ungeheueres Gezeter, als wäre die Welt einge-
stürzt:
»Hast du sie geöffnet?«
»Ja, ich war es.«
»Hat dir jemand geholfen?«
»Nein, niemand.«
»Wer hat es dir gezeigt?«
»Keiner, ich habe nur davon gehört.«
Ich wurde bedroht mit Einzelkellerhaft in feuchtem
Keller und noch schlechterer Verpflegung, Wasser und
Brot, und was es dergleichen Strafen mehr gab. Sie be-
ruhigte sich jedoch bald wieder. Meine ansonsten gute
Führung hatte mir bei ihr etliche Pluspunkte einge-
bracht. Die Handschellen wurden gegen neue, ein-
wandfreie umgetauscht. Eine Bestrafung blieb mir er-
spart. Doch nun war es wieder vorbei mit der Freiheit
meiner Hände und Arme. Ich habe die Handschellen
nie wieder zu öffnen gewagt.
Einmal benutzte ich gerade unseren »Eimer«, den WC-
Ersatz, als unsere Beamtin erschien. Sie sah mich nicht
und rief: »Wo ist 1505?« Der Eimer stand in einer Zel-
lennische. Diesen Platz hatte man ihm gegeben, um
einen letzten kleinen Rest von Scham zu wahren.
»Sofort«, antwortete ich aus meiner Ecke.

Die Beamtin erkannte die Ursache meiner Unsichtbarkeit und fauchte: »Komm her und wisch dir den Arsch schneller ab!«

Das war der Ton, der bei uns herrschte. Ich hatte mich längst daran gewöhnt. Auch an die primitiven sanitären Einrichtungen, besser gesagt an deren Nichtvorhandensein. Natürlich hatte es seine Zeit gebraucht. Aus angeborener und anerzogener Geniertheit fiel es mir zu Anfang meiner Haft schwer, mich mit diesen Umständen abzufinden, die bei gewissen intimen körperlichen Verrichtungen jede Scham verletzten. Doch meine Burschikosität kam mir auch hier zu Hilfe. Ich tat mit Achselzucken, was unvermeidbar war.

Weihnachten nahte. Kriegsweihnachten 1944. Welch ein Weihnachten! Was war aus dem Fest des Friedens, des Christbaumes und des Lichts geworden! Der Tag verging wie jeder andere. Nur abends, da ließ man uns merken, daß es doch ein besonderer Tag war, daß Christus vor 1944 Jahren geboren worden war.

Es gab ein Festessen: eine doppelte Menge Margarine, doppelte Portion Brot, Pellkartoffeln und zwei Frikadellen, die zwar mehr aus Brot als aus Fleisch bestanden, aber herrlich schmeckten. Man höre und staune, wir konnten sogar eine dritte Frikadelle nachfordern! Nie hat mir ein Essen besser geschmeckt als dieses Weihnachtsmenü im Gefängnis Barnimstraße am letzten Kriegsweihnachtsabend des grausamsten, verlustreichsten, zerstörerischsten aller Kriege.

Meiner Mutter schrieb ich am nächsten Tag, wie herrlich dieses Essen gewesen wäre. Noch nie hätte ich eine Mahlzeit so genossen. Mir ginge es glänzend.

Zu Silvester gab es dann Erbsensuppe beziehungsweise

eine Brühe, die vom Aufsichtspersonal als solche bezeichnet wurde. Hin und wieder war wirklich eine Erbse
zu entdecken. Um alles recht lecker zu machen,
schwammen etliche unappetitliche Maden in dem undefinierbaren Suppentümpel.

Mein Lebensretter oder Menschlichkeit im Terror

Wenige Tage später wurde ich wieder hinaus auf den Korridor gerufen. Die Beamtin war aufgeregt. Ich hätte eine erneute Vernehmung, eine Anhörung! Bei jemandem ganz oben! Ich müsse sofort zur Kleiderkammer. Ich würde völlig neu eingekleidet.

»Du mußt einen guten Eindruck machen«, schärfte sie mir ein.

Ja wirklich, sie machte mir Hoffnung. Mag es noch so erstaunlich sein, es gab hin und wieder schon einmal einen Funken Menschlichkeit innerhalb dieser grauen Gefängnismauern.

Was war denn das nun wieder? Ob ich erneut dem Volksgerichtshof vorgeführt werden würde? Nur das nicht! Ein kalter Schauder griff nach meinem Herzen. Möge mir das erspart bleiben! Ob ich mich weigern sollte zu gehen, mich auf den Boden werfen und schreien? Ob das hülfe? Ach, es ist ja alles einerlei! Sie können mit mir machen, was sie wollen, da hilft mir keine Macht auf Erden.

»Muß ich wieder vor dem Volksgerichtshof erscheinen?« Wie bang war mir zumute. »Vor dem Volksgerichtshof? Nein, bestimmt nicht«, beruhigte mich die Beamtin, die trotz ihres rauhen Tones stets wohlwollend mir gegenüber war, soweit sie dazu überhaupt die Möglichkeit hatte. »Du gehst ins Reichsjustizministerium.« Sie sagte das in einem Ton, als habe mich der liebe Gott persönlich zur Audienz gerufen.

Von Kopf bis Fuß kleidete man mich in funkelnagelneue Kleidung – Zuchthauskleider, versteht sich, aber sie waren wirklich neu, ungetragen, ich kam mir fast elegant vor.

Zwei Gefängnisbeamte erwarteten mich, holten mich ab und begleiteten mich nach draußen, heraus aus dem Gefängnis, hinein in die Straßen Berlins. Sogar die Fesseln nahmen sie mir ab. Ein Wunder war geschehen. Ich war in der Stadt Berlin und konnte mich frei bewegen.

Frei? Nun ja, sehen wir einmal ab von der Begleitung, dem vorgegebenen Ziel und dem Umstand, daß ich natürlich nicht hingehen konnte, wohin ich wollte. Aber was tat das? Ich war wirklich dem Gefängnis entronnen, wenn auch nur vorübergehend.

Ich ging durch die Straßen Berlins! Ich sah Menschen, die frei waren. Mochten sie mich in meiner unübersehbaren Gefängniskleidung, eingerahmt von meinen mich auf Tuchfühlung begleitenden Beamten, mit scheelen Augen ansehen und begaffen, wie sie wollten.

Geschäfte! Es gab wirklich noch Läden mit Dingen, die man kaufen konnte! Ein Wunder! Ein wirkliches Wunder. Mochte alles so kriegsbedingt einfach und nur auf Kleiderkarte zu kaufen sein.

Nur mit Hilfe dieser Berechtigungskarte konnte man damals Kleidungsstücke erwerben vom Strumpf bis zu Kleid, Hut und Mantel. Glücklich konnten sich diejenigen preisen, die genügend Punkte auf ihrer Karte gesammelt hatten, um sich alle paar Jahre einmal ein Kleidungsstück kaufen zu können. Und hier war ein wirkliches Modegeschäft!

Meine Begleiter, die meine verlangenden Blicke spürten, legten eine Pause ein, ließen mich voller Staunen die Schätze in der Auslage des Geschäftes bewundern. Ich vergaß meine Gefangenschaft, mein Todesurteil. Ich war frei – fast frei – unter freien Menschen. Meine Kleidung war neu, nicht von Dutzenden von Vorgängerinnen abgetragen. Sie kam mir wie meine eigene vor. Es gab wirklich noch ein Leben außerhalb der Gefängnismauern.

Wir mußten weitergehen. Ein Zeitplan war meinen Bewachern vorgegeben, den wir einhalten mußten, um pünktlich im Reichsjustizministerium zu erscheinen. Wie das klang! Gewichtig, voller Bedeutung. Reichsjustizministerium. Wilhelmstraße 65. Das war in der Tat ganz, ganz oben. Was würde meiner harren? Nun, auf jeden Fall nicht der Henker mit seinem Fallbeil.

Meine Stimmung war voller Erwartung. Wir gingen durch Straßen, die einst noch schön gewesen sein mußten. Vormals stattliche Gebäude säumten sie, die gewiß vornehme Geschäfte beherbergt hatten, bevor die Bomben ihr Vernichtungswerk verrichteten. Wie glücklich mußten die Menschen sein, die jeden Tag durch diese herrlichen Straßen gehen durften. Sie wußten es nur nicht.

Zu welcher Bescheidenheit können sich Wünsche und Ansprüche reduzieren, wenn sie nicht mehr erfüllbar sind!

Es ist merkwürdig. Die schweren Zerstörungen, die Berlin durch monatelange Bombardements der Alliierten erlitten hatte, sind mir kaum in Erinnerung geblie-

ben. Ich war so überwältigt von dem Glück, mich außerhalb der Gefängnismauern bewegen, durch die Straßen Berlins gehen zu dürfen, daß dieses Hochgefühl mich die Trümmer der zerstörten Stadt nicht wahrnehmen ließ. Ich war fast frei, beinahe glücklich, also mußte auch alles um mich herum rosarot, heiter und vollkommen sein. Mir erging es wie einem monatelang in lichtlose Finsternis Eingesperrten, der plötzlich in gleißendes Sonnenlicht hinaustritt und, von so viel Helligkeit geblendet, nichts wahrnehmen kann als Licht, ein Übermaß an blendendem Licht. Umgeben von so viel mir ungewohnter Freiheit konnte ich nur Schönes und Gutes in mich aufnehmen. Ich war in einer derart gehobenen Stimmung, daß alles um mich herum nur gut und schön sein konnte. Die Fliegerangriffe und Bombardierungen, die in meinen Berliner Monaten die Hauptstadt heimsuchten, haben mich auch im Gefängnis nicht sonderlich beeindruckt. Nie wurden wir bei Fliegeralarm in den Luftschutzbunker geführt. Wir waren ja Verfemte, Ausgestoßene, eines Schutzes nicht wert und würdig. Man ließ uns in unseren Zellen, unseren Ängsten schutzlos ausgeliefert. Doch die Trostlosigkeit meines Schicksals ließ keinen Raum für große Besorgnisse gegenüber Luftangriffen. Eine Bombe in mein Gefängnis? Na und? Auf mich wartete ja doch nur das Fallbeil des Henkers. Was konnte mich da schon eine Bombe schrecken!
Ein großes, imposantes Gebäude erwartete uns. Wir waren am Ziel angekommen. Wie bedauerlich! Ich hätte stundenlang so weitergehen mögen, nur um zu schauen. Meine Zwangsbegleiter hatte ich vollkommen vergessen, sie waren mir zur Selbstverständlichkeit geworden

– ein notwendiges Anhängsel wie etwa ein Paar Handschuhe. Aber halt, das stimmte nicht, denn Handschuhe besaß ich nicht, trotz des kalten Januarwetters. Doch was schadete das. Ich war jedenfalls nicht mehr in meiner Zelle.

Oft bin ich früher durch die guten und schönen Geschäftsstraßen der Städte gegangen. Sie waren mir eine Selbstverständlichkeit. Erst wenn man nichts mehr besitzt, alles unerreichbar geworden ist, erkennt man, wie wertvoll das früher Selbstverständliche in Wirklichkeit ist. Nur was du nicht besitzt, wirst du zu schätzen wissen.

Wir betraten das Ministerium. Dort herrschte feierliche Ruhe. Viele hin- und hereilende Beamte. Alles sehr bedeutungsvoll, geschäftig. Und ich inmitten dieser Gewichtigkeit! Sie führten mich in einen Vorraum, ein Sekretariat oder ähnliches. An der Tür stand zu lesen:

»Dr. Pippert, Erster Staatsanwalt, Referent der Strafrechtsabteilung.«

Ich betrat allein seinen Raum. Meine Bewacher blieben zurück. Mir steht noch alles vor Augen, als wäre es erst gestern gewesen: Vor mir stand Dr. Pippert. Freundlich, Wärme und Vertrauenswürdigkeit ausstrahlend. Er stellte sich vor, bot mir einen Platz an. Kein Kommandoton, wie ich ihn in den letzten Monaten nur noch zu hören bekommen hatte.

Ich hätte großes Glück, zu einer Anhörung geladen zu sein, erklärte er, eine Seltenheit, ganz ungewöhnlich nach einem ausgesprochenen Todesurteil.

Das Gnadengesuch meiner Mutter zeigte seine Wirkung. Sie hatte Verbindung zu Dr. Pippert aufgenommen, ihn in Berlin aufgesucht, meinen Fall vorgetragen,

Hans Victor von
Salviati, von der
Gestapo 1945 er-
mordet

Ausflug mit einem Kameraden

12 Das Gefängnis in Greifswald, meine erste Haftstation

13 Strafanstalt Moabit in Berlin

Im Zellentrakt des Untersuchungsgefängnisses Moabit

15 Freisler eröffnet eine Sitzung des Volksgerichtshofs

sich bemüht, ihrem laufenden Gnadengesuch Nachdruck zu verleihen. Ein erster Erfolg war diese Anhörung. Dr. Pippert ließ es durchblicken.

Punkt für Punkt ging er noch einmal alle Anklagepunkte durch, verlas mir erneut das Urteil.

Er erbat, nicht befahl, eine Stellungnahme von mir. »Bereust du?« Fast beschwörend und wiederholt stellte er diese Frage.

Die meisten hätten tränenreich ihre Reue beteuert. Doch ich? Ich konnte es nicht. Ich hatte in meinem Innersten eine Sperre, eine Mauer, die war gewaltig und unüberwindbar. Wie sagt man doch? Keiner kann über seinen Schatten springen.

»Ja, hast du denn noch immer nicht genug?« Er schüttelte den Kopf.

Ich hatte genug, übergenug, bis zur Verzweiflung genug. Aber widerrufen, zurücknehmen, was ich gesagt hatte, bereuen? Ich konnte es nicht. Ich war doch im Recht. Lebensgefahr hin, Todesurteil her, ich war derart in meine Überzeugung von der Ungerechtigkeit und Unmenschlichkeit der NS-Herrschaft verbohrt, daß ich meinte, mich selbst umzubringen, hätte ich allem, was mir moralisch teuer und wert erschien, abgeschworen. Ich sah nicht die Gefahr, die drohende Hinrichtung, den Tod vor mir. Nur die Gerechtigkeit, die Menschlichkeit hatte ich vor Augen. Ich konnte nicht anders. Ich schaffte es nicht.

»Nein. Nein! Ich kann das nicht bereuen! Ich habe gesagt, was mir vorgeworfen wird. Zurücknehmen kann ich es nicht. Es stimmt doch, daß man die Juden verfolgt, entrechtet, verschleppt und in Ghettos einsperrt. Gibt es keine Konzentrationslager? Darf man denken, sagen oder tun, was man will? Gibt es denn eine Frei-heit?«

Wir waren allein im Raum. Nur wir zwei. Der menschli-che, sympathische, mir wohlwollende Staatsanwalt und ich in meiner verkrampften Starrheit. Nur selten machte sich Dr. Pippert Notizen. Er redete begütigend auf mich ein. Helfen wollte er mir, mir eine Brücke bauen, über die nicht nur ich, sondern auch er gehen konnte. Doch ich habe es den mir Gutgesinnten nie leicht gemacht, mich zu mögen.

Die Tür öffnete sich, und herein trat ein anderer Ange-höriger des Ministeriums. Beamter? Gestapo-Mann? Ich weiß es nicht. Stiernackig war er und vierschrötig. Durch und durch unangenehm wirkte er auf mich. Er mußte durch die Tür unserer Unterhaltung gelauscht haben, denn er polterte sofort los: »Lassen Sie die doch. Sehen Sie nicht, daß sie verstockt ist? Wer mit Salviati befreundet war, ist ein Volksverräter, ein Schwein, muß ausgelöscht werden.« Böses wollte er mir.

»Nun ist es genug!« beschied ihm Dr. Pippert, dem der Auftritt dieses Mannes nicht angenehm schien. Schwarzgekleidet war er wie ich. Grimmige Worte aus-stoßend, verließ er das Zimmer.

Wieder waren wir allein, Dr. Pippert und ich, in seinen vier Wänden, zwischen seinen Büromöbeln, den Akten.

»Hast du es dir überlegt? Bereust du denn nicht?«

»Nein, nein!« brach es wieder und wieder aus mir her-vor. »Ich kann es nicht.«

Eher sollte die Welt einstürzen, als daß ich von meiner Meinung abwiche. War ich dumm? Mag sein. Doch die Mauer in mir war zu hoch, unübersteigbar. Ich konnte sie nicht überwinden, koste es mein Leben.

Dr. Pippert war verärgert. Er wurde scharf und laut: »Ja denkst du denn gar nicht an deine Mutter? Bist du denn allein auf der Welt? Weißt du denn nicht, welchen Kummer du ihr gemacht, welches Leid du ihr zugefügt hast? Die dich als ihr ältestes Kind liebt, der du ihrem Herzen immer am nächsten gestanden hast? Läßt es dich denn unberührt, daß sie unter dir leidet?«

Ich brach zusammen. Mochte ich mich sträuben, wie ich wollte, die Tränen quollen hervor, unaufhaltsam. Ich weinte und weinte. Aller aufgestaute Krampf, alle innere Starrheit, meine Angriffslust, mein unüberwindlicher Widerwille wurden von meiner Tränenflut hinweggeschwemmt. Ich schluchzte hemmungslos.

Mit seiner warmen, vertrauenerweckenden Stimme bat mich Dr. Pippert, nicht ohne Festigkeit: »Nun ist es genug. Komm her. Hier unterschreibe!«

Und ich unterschrieb. »Die Angeklagte hat unter Tränen bereut.«

Er legte mir die Hand auf die Schulter und führte mich hinaus. Die Anhörung war beendet. Das Gnadengesuch konnte mit seiner warmen Befürwortung seinen Lauf nehmen, wenn es auch infolge der sich überstürzenden Kriegsereignisse zu keinem Abschluß kam. Er hat sich sehr für mich eingesetzt. Ihm habe ich es zu verdanken, daß das Todesurteil nicht vollstreckt wurde. Er hat mir das Leben gerettet.

Meine Bewacher und Begleiter erwarteten mich, nahmen mich wieder in ihre Mitte, führten mich hinaus, zurück in mein Gefängnis, meine Zelle. Die schönen neuen Kleider mußte ich wieder abgeben und erneut in meine alten, abgetragenen und abgewetzten schlüpfen. Dutzende anderer Frauen hatten sie vor mir getragen.

Auch die peinigenden Handschellen wurden mir wieder angelegt.

Todeskandidatin 1505 zurück in die Zelle. Vorbei der Ausflug in die halbe Freiheit. Vorbei der Anblick des Himmels, der Sonne. Und doch: Vertrauen in meine Zukunft, neue Hoffnung waren in mein Innerstes eingezogen und haben mich nie mehr verlassen.

Eine »Bootsfahrt« und noch mehr Gefängnisse

Es war Anfang Januar 1945. Das letzte Kriegsjahr war angebrochen. Der Zusammenbruch des Hitlerschen Großdeutschen Reiches hatte begonnen. Italien war von den Amerikanern erobert worden. Von Süden und Westen waren die Westalliierten unaufhaltsam gegen die deutsche Reichsgrenze vorgerückt, hatten sie überschritten. Unaufhörlich, pausenlos zerbombten amerikanische und britische Geschwader eine deutsche Stadt nach der anderen, verbreiteten Tod, Not und Elend, ließen Legionen von Toten und Verstümmelten zurück. Im Osten trieben die russischen Armeen die sich verzweifelt wehrenden deutschen Truppen vor sich her. In Panik flüchtete zu Millionen im eisigen Winter auf offenen Pferdewagen die Zivilbevölkerung des deutschen Ostens. Der große Treck nach Westen hatte begonnen. Wie teuer mußte nun jeder Deutsche, ob reich, ob arm, dafür bezahlen, daß er sich hatte verführen lassen. Bitter war die Reise. Nach Westen, nur nach Westen! Gleich, ob alles Hab und Gut, der von den Vorfahren ererbte Grund und Boden, die Heimat, die die Vorväter vor vielen Generationen den Slawen abgenommen hatten, verlassen werden mußte. Der Schauder der Angst vor der Rache des russischen Feindes trieb Frauen, Kinder und Greise fort von ihrer angestammten Heimat. Nach Westen! Nur nach Westen! Vae victis!

Es war nicht lange her, am 18. Februar 1943, daß der Reichspropagandaminister Dr. Goebbels, den man wegen seines kleinen Wuchses den Schrumpfgermanen der Völkerwanderung nannte, seine berühmt-berüchtigte Rede gehalten hatte. Wie hatte er in die jubelnde Menge geschrien:

»Wollt ihr den totalen Krieg?«

Ein vieltausendfaches Ja war ihm entgegengeschallt.

Und wie hatte er anschließend im vertrauten Kreis seiner Bewunderer zynisch und menschenverachtend gespottet: »Hätte ich ihnen zugerufen: ›Springt alle aus dem Fenster!‹, sie wären gesprungen.«

Der totale Krieg. Jetzt hatte ihn das deutsche Volk. Welch entsetzlichen Blutzoll mußte es dafür entrichten! Und immer noch stand die Mehrheit unerschütterlich hinter ihrem »Führer«, der »Verführer« hätte heißen müssen. Schon war das der deutschen Ostgrenze nahegelegene Berlin, die Hauptstadt des Großdeutschen Reiches, durch den sowjetischen Vormarsch bedroht.

Unser katholischer Pfarrer hatte uns verraten, wir Schwerverbrecher – das waren wir »Politischen« – sollten Berlin verlassen, um nicht dem russischen Feind in die Hände zu fallen, mit anderen Worten: nicht von ihm befreit zu werden. Doch mit jeder neuen Niederlage der deutschen Heere wuchs unsere Hoffnung. Da war in mir nichts mehr von Nationalstolz, Furcht vor dem Feind und Vaterlandsliebe. Die hatte man mir gründlich ausgetrieben. Ich gestehe es offen, und bei meiner tödlichen Bedrohung wird man mich gewiß verstehen: Ich jubelte über jede deutsche Niederlage, von der gerüchteweise Kunde in unsere Zelle drang. Jeder Meter, den die West- und Ostalliierten sich Deutschland und damit Berlin näherten, steigerte meine Hoffnung auf ein Überleben. Durchhalten mußte ich. Lange konnte es nicht mehr dauern. Fort von Berlin hieß fort vom Fallbeil. Ich hatte die Russen nicht angegriffen. Ich hatte sie nicht gerufen.

»Frauen«, hieß es eines Morgens, »alle ›Politischen‹, packt eure Klamotten! Ihr müßt abhauen. Der Iwan naht!«

Wir Andersdenkenden waren den Nazis wohl zu kostbar, um den Russen in die Hände zu fallen. Das Packen war schnell geschehen. In Windeseile waren meine paar Habseligkeiten zusammengerafft, war ich aufbruchbereit. Unter starker Bewachung führten sie uns aus den verschiedenen Zellen heraus, fort aus dem Gefängnis. Der Abschied fiel mir weiß Gott nicht schwer.

Wieder ging es durch Berliner Straßen, aber dieses Mal nicht in neuer Anstaltskleidung und mit anständigem Schuhzeug. Wir trugen unsere abgewetzten, schwarzen Kleider, deutlich sichtbar die Gefängnisnummer, unseren Namensersatz, an den Füßen Holzpantinen. Ein kleiner Trupp von etwa zwanzig Frauen, immer zu zweien aneinandergefesselt: zwanzig traurige Schicksale.

Zwei frühere Zellengenossinnen sah ich dort wieder. Ihnen waren die Haare abgeschnitten worden. Sie begrüßten mich mit lautem Hallo. Ich hätte sie nicht wiedererkannt. Voller Erschrecken erkannte ich, wie entstellt, fast affenähnlich eine kahlköpfige Frau wirkt.

Es war ein schwieriges Gehen in den hölzernen Galoschen. Stolpernd schlurften wir unseren Weg. Wenn wir etwa Mitleid von den Menschen, die uns begegneten, erwartet hatten, so wurden wir bitter enttäuscht. Beschimpft haben sie uns, angepöbelt:

»Verbrechergesindel! Seid ihr ›Politische‹?«

»Ja, alle«, antwortete unsere Bewachung.

»Dann um so schlimmer!«

Bespuckt haben sie mich, und das fünfeinhalb Jahre nach Beginn dieses entsetzlichen Krieges, den wir mutwillig und übermütig begonnen und vom Zaun gebrochen hatten. Feindseligkeit schlug mir entgegen vom Anbeginn bis zum Ende unseres Marsches, dessen Ziel die Spree war.

Dort erwartete uns ein Kutter. Er sollte uns über die Spreekanäle und sonstige Wasserwege zur Elbe bringen. Verfolgen konnten wir unsere Fahrt nicht. Wir waren in den Schiffsrumpf gepfercht worden. Keine Luke ermöglichte einen Blick hinaus. Undurchdringliche Finsternis umfing uns.

Ich mußte an die Sklavenschiffe denken, in denen im vergangenen Jahrhundert meist arabische, aber auch christliche Menschenhändler ihre lebende Fracht unter unmenschlichen Verhältnissen von Afrika über den Atlantik nach Amerika transportiert hatten. Menschlichkeit war damals so wenig gefragt gewesen wie heute. Die Menschen hatten sich nicht verändert, schon gar nicht gebessert, allen Beteuerungen, Bemühungen und Versprechungen aller Religionen zum Trotz. Christus war ein Narr, so dachte ich damals, sich für diese Menschheit ans Kreuz schlagen zu lassen.

Aber wir waren nicht auf einem Sklavenschiff des neunzehnten Jahrhunderts. Wir waren Frauen der mannigfaltigsten Herkunft, inhaftiert aus den verschiedensten politischen Gründen. Wir waren keine Mörder, keine Verbrecher. Wir hatten uns nicht durch unsere Taten selbst entwürdigt. Mögen wir Bibelforscher oder politische Abweichler der verschiedensten Richtungen gewesen sein – keiner durfte uns das Recht auf Wahrung unserer Menschenwürde absprechen.

Zusammengepfercht auf einem Schiff, einem brüchigen, modrigen Kahn, fuhren sie uns mitten in Deutschland, unserer Heimat, auf einem deutschen Fluß unter entwürdigenden Umständen elbaufwärts. Gefangene des nationalsozialistischen Großdeutschen Reiches, bewacht nicht etwa von arabischen Sklaventreibern, sondern von biederen deutschen Landsleuten. Waren diese etwa besser als ihre arabischen Vorgänger? In ihren Augen waren wir Gesetzlose, Unmenschen, aus der nationalsozialistischen deutschen Volksgemeinschaft Ausgestoßene, nicht wert eines Mitleids, eines Mitleidens, eines Verständnisses.

»Verreckt mitsamt eurem stinkenden Marmeladeneimer«, riefen sie zu uns hinunter.

Seid verdammt für alle Zeiten, ihr Flußmänner, die ihr gemein feixtet, widerliche Zoten risset, wenn ihr herunter gafftet, während unglückselige Frauen trotz des schrecklichen Eimers den letzten Funken Scham zu bewahren suchten. Könnte ich euch alle in den stinkenden Bauch eines solchen Seelenverkäufers stecken, euch mit einem verbeulten Fäkalieneimer hineinzwängen in eine drangvolle Fülle, in die tiefe Finsternis eines feuchten, modrigen Kahnes!

Im Bauch des Moderschiffes nahmen sie uns immerhin die Handschellen ab. Ob ich fliehen könnte, kam es mir in den Sinn, versuchen, irgendwie an Deck zu kommen, ins Wasser springen, um zu versuchen, das rettende Ufer zu erreichen.

Das rettende Ufer? Was würde geschehen? Die Einstellung der Bevölkerung hatten wir soeben in Berlin zur Genüge kennengelernt, unsere Lektion erhalten. Der giftige Speichel brannte mir noch auf der Wange. Nach wie vor war ich ein Erzfeind des Volkes, allem Naziterror zum Trotz.

Es hatte alles keinen Sinn. Wir mußten unseren Weg bis zu Ende gehen – wie unser Volk. Nur, uns winkte die Freiheit, dem Volk aber Demütigung, Vertreibung und Not. So unterschieden sich mein individueller Weg und mein Ziel von denen des armen Volkes. Ich hatte sie mir nicht ausgesucht. Sie waren mir aufgezwungen worden.

Am frühen Nachmittag hatte unsere »Seefahrt« begonnen. Die Nacht wurde durchgefahren. Wir machten es uns auf dem Boden des Kahns mit Hilfe einiger Decken so »bequem« wie möglich. Aus Platzmangel konnten nur wenige liegen, einige hockten sich nieder, wieder andere verbrachten stehend die Nacht, lehnten sich aneinander, gaben sich so Halt und Stütze.

Der obligate »Eimer« war hier zu einem ausgedienten Marmeladeneimer degeneriert. Widerwärtig und ekelerregend war diese alle weibliche Scham verletzende »Sanitäreinrichtung«. War das die vollmundig vertönte und gläubig aufgenommene »großdeutsche« Moral und Sitte?

Der Morgen mußte gegraut haben, die Sonne aufgegangen sein, denn es wurden Kaffee, Muckefuck genannt, weil es natürlich ein Ersatzkaffee war, und ein wenig Brot an uns ausgegeben, indem man beides in den dumpfen Bootsrumpf mehr hinunterwarf als menschenwürdig in die Hand gab. Immer weiter ging die Fahrt, bis die Dämmerung den frühen Abend ankündigte. Den Geräuschen, die von außen zu uns hinunterdrangen, und den schlingernden Bewegungen des Bootes nach mußten wir irgendwo an irgendeinem Ufer, an irgendeinem Ort anlegen. Hatte die Fahrt zwei oder drei Tage gedauert? Ich weiß es nicht mehr.

Wir hatten uns nicht geirrt. Es dauerte nicht lange, und der Kutter lag fest, die Luken, die zu uns hinabführten, wurden geöffnet, eine Trittleiter herabgelassen. Wir konnten an Deck klettern. Frische Luft empfing uns, die untergehende Abendsonne tauchte die Szene in fahles Licht.

Endlich der Dunkelheit entronnen. Ich kam mir vor wie neugeboren, allen Widerwärtigkeiten meiner Lage zum Trotz. Wir gingen an Land und erfuhren, daß wir uns in Coswig an der Elbe, nicht weit von Dresden entfernt, befanden. Also war nach Pommern und Berlin nun Sachsen meine Zwangsheimat geworden.

Eine Baracke erwartete uns. Ein Kanonenofen erwärmte mehr schlecht als recht den Raum, in den man uns hineinzwängte. Nasses Brot wurde uns gereicht, das wir der Reihe nach auf dem Bollerofen rösteten. Wie bescheiden war ich geworden, wie dankbar, wenn ich einigermaßen gesättigt wurde.

Diese Baracke gab uns für einige Tage Quartier. Von dort wurden wir in das Gefängnis von Waldheim, westlich von Coswig gelegen, verfrachtet. Es war ein riesiger Gefängniskasten von kaltem, grauem Mauerwerk, vor langer Zeit erbaut. Eines Tages schleppten sie Säcke voll Federn in die Zelle, die wir rupfen sollten. Zu meinem Unglück hatte ich bereits als Kleinkind an schwerem Asthma gelitten, das meine Mutter gezwungen hatte, mich alljährlich viele Monate in ein Kindersanatorium in Königsfeld im Schwarzwald zu schicken, um in der reinen und würzigen Schwarzwaldluft meinem Leiden Linderung zu verschaffen.

Jetzt war es unsere Aufgabe, die Federn vom Kiel zu befreien. Wer das einmal getan hat, weiß, welche Unmenge kleinster Federpartikel unentrinnbar durch die Luft wirbelt. Ob ich wollte oder nicht, ich mußte sie mit der Luft einatmen. Die Folge war katastrophal. Ich bekam einen schweren Asthmaanfall, rang nach Luft und glaubte zu ersticken.

Ich muß recht zäh gewesen sein, denn auch dies überlebte ich. Gott sei Dank war ich jung und widerstandsfähig und unbeschadet, aller widrigen Umstände guten Mutes. Mochten unsere Bewacher die Kriegslage beschönigen, vom Endsieg faseln, wie sie wollten, irgendwie erfuhren wir doch, wie es in Wahrheit um die Kriegslage stand. Der Endsieg, an den sie immer noch glaubten, rückte in immer weitere Ferne, und die gegnerischen Truppen, in unserem Fall die Russen, kamen unaufhaltsam näher und näher.

Von mir herbeigesehnt, wußte ich auch nicht, wie sie sich mir gegenüber verhalten würden. Viel Schauderhaftes eilte ihren Armeen voraus. Gerüchte über unmenschliche Greuel, Morde, Plünderungen und Vergewaltigungen der Frauen, einerlei ob jung oder alt, ließen die lauschende Runde erzittern.

Mich konnte das Gerede nicht erschüttern. Schlimmer als es mir jetzt ging, gefährlicher, toddrohender als meine jetzige Situation konnte die Zukunft kaum werden. Was konnte mir schon passieren? Für mich war die

Hauptsache, daß der wahnwitzige Krieg sein Ende fand. Was dann kam, würde man sehen. Ich würde schon durchkommen. Wer Hitlers Inferno überstanden hatte, sollte auch mit der Nachkriegszeit fertig werden können.

Wieder vergingen einige Wochen, und man fuhr uns mit dem Gefängniswagen, der »Grünen Minna«, nach Dresden in das dortige Gefängnis. Es lag in der Nähe des Zwingers, des herrlichen Barockschlosses der sächsischen Könige. Ich meine mich zu erinnern, es vom Gefängnis aus gesehen zu haben.

Dresden, die herrliche Stadt an der Elbe, Mittelpunkt barocker Schönheit und Kultur, eine Perle historischer deutscher Städtebaukunst, die ihresgleichen suchte. Noch war sie unzerstört, noch eine einmalige architektonische Augenweide für jeden, der auch nur ein wenig Sinn für die Ästhetik, Harmonie und Schönheit der Kirchen, Palais und Bürgerhäuser hatte.

Es war Anfang Februar 1945. Der 13. Februar kam, und mit ihm die Schande und die Barbarei alliierter Zerstörungswut. Wenn auch von uns provoziert, war sie in diesem Fall nichtsdestoweniger unnötig, der Krieg längst entschieden. Keinerlei Militäranlagen waren in der Stadt, keine Militärdepots, keine Kriegsindustrie, keine militärischen Ansammlungen gleich welcher Art. Nur unendlich viele Flüchtlinge, die mit Pferd und Wagen Heimat, Zuhause, Grund und Boden in den östlichen Provinzen verlassen hatten. Eine Stadt, überfüllt mit wehrlosen, verzweifelten Menschen, ein Kulturzentrum, überreich an unendlich kostbaren und unersetzlichen Schönheiten.

Ich habe das Inferno, das Dresden vernichtete, hautnah miterlebt. Wie seit fast sieben Monaten saß ich in meiner Zelle, zusammen mit meinen Zellengenossinnen. Die Zeit verrann, tropfenweise, unendlich langsam im Einerlei des Gefängnisalltags. Das kleine Gitterfenster ließ das Tageslicht mühsam zu uns hereinschimmern. Draußen dämmerte es. Bald hüllte die Nacht die Stadt mit Finsternis ein, senkte sich schwer lastend auf die verdunkelten Kirchen und Paläste, die schönen wie die häßlichen Häuser, alle überfüllt mit Flüchtlingen, die von den Einwohnern aufgenommen worden waren. Sie alle suchten Schutz vor Kälte und Dunkelheit unter irgendeinem bergenden Dach. Wir hatten uns auf unseren primitiven Pritschen zur Ruhe gelegt, die Zelle überfüllt wie stets.

Plötzlich drang ein dumpfes Rauschen durch das Zellenfenster zu uns herein, zunächst leise, sich gleichsam unaufdringlich aus weiter Ferne herantastend, dennoch unheimlich, unheilschwanger, Gefahr verheißend. So wie Gevatter Tod sich vorsichtig mit sich leise ankündigendem Schmerz dem Menschen nähern mag, tastete sich dieses Geräusch an uns heran.

Das Rauschen schwoll an, wurde zu einem unüberhörbaren Dröhnen. Wir schraken hoch. Was war das? Was geschah dort oben in den Lüften?

Sirenen heulten, markerschütternd, nervenzerreibend, auf- und abschwellend.

Schrecken breitete sich aus. Angst griff um sich und begann eines jeden Herz mit eisigen Krallen zu umklammern. Fliegeralarm!

Draußen in der Stadt schraken die Menschen aus dem Schlaf, rafften einige Habseligkeiten zusammen, stürzten, Furcht im Herzen, hinunter in die Luftschutzkeller. Kauerten sich ängstlich zu Boden.

Und wir? Was geschah mit uns? Um uns in unserer unter dem Dach des riesigen Gefängnisgebäudes gelegenen Zelle kümmerte sich niemand. Was sollten wir in einem Luftschutzkeller? Wir würden nur anderen linientreuen Volksgenossen dort den Platz wegnehmen. Schon gar ich, eine zum Tode Verurteilte. Mag sie dort oben verrecken. Dem Henker wird die Arbeit erspart.

Gleich Wunderkerzen fielen unendlich viele grellweiße Lichter vom Himmel. Der Volksmund nannte sie »Christbäume«. Taghell erleuchteten sie die abgedunkelte Stadt, deren Fenster wie in allen deutschen Dörfern und Städten schwarz verhangen waren. Verdunkelung! Den feindlichen Bombergeschwadern sollte kein Ziel, keine Orientierung geboten werden.

Aus unserer luftigen Höhe hatten wir einen phantastischen Überblick über die der Zerstörung geweihte Stadt. Die Scheinwerfer der deutschen Flak suchten gleich zittrigen Leuchtfingern die feindlichen Bomber am schwarzen Himmel. Flakgranaten explodierten in der Höhe. Ein tausendfältiger Pfeifton ließ uns erzittern und uns schutzsuchend ducken, wo kein Schutz war. Die ersten Detonationen explodierender Bomben zerrissen die Stille der Nacht. Die Zertrümmerung einer Stadt hatte begonnen.

Die Luft erzitterte. Unser Gefängnis schwankte unter der Wucht der krepierenden Bomben. Brandbomben setzten in Flammen, was noch nicht zusammengestürzt war. Die Frauen in meiner Zelle begannen zu schreien, an die Tür zu hämmern: »Laßt uns heraus! Holt uns herunter, bringt uns hier nicht um!«

Sie warfen sich zu Boden und trommelten mit ihren Fäusten auf die staubigen Dielen. Ich versuchte sie zu beruhigen. Was hatte ich schon zu verlieren.

Bomberwelle auf Bomberwelle donnerte über Dresden hinweg und warf ihre mörderische Fracht ab. Durch unser Fenster sah ich auf die brennende Stadt herab, auf zusammenstürzende Häuserwände, durch explodierende Bomben hoch in die Luft geschleuderte Gesteinsmassen und das, was sie geborgen hatten.

Ich sah die Hölle auf Erden, eine Hölle von Menschenhand, zu der Menschen Qual.

Ich wunderte mich über meine eigene relative Ruhe, wo um mich herum die Welt unterging. Ich betrachtete voll fasziniertem Erstaunen durch unser Gitterfenster den tobenden Feuermoloch, der die Stadt vernichtete. Was konnte mir Schrecklicheres als meine Gegenwart geschehen, mir, der Todeskandidatin?

Wie durch ein Wunder blieb unser Gefängnis verschont, mein Kopf dem Henker erhalten. Wie lange der Untergang einer der schönsten Städte der Welt andauerte, weiß ich nicht. Ich hatte keine Uhr. Sie war mir zu Beginn meiner Haft abgenommen worden. Mir schien es eine Ewigkeit gewährt zu haben. Dem ersten Angriff folgten weitere. Kein Stein durfte auf dem anderen bleiben. Es mußte doch zu schaffen sein, diese Perle der Menschheitskultur zu zerstören.

Und wie dies an jenen beiden Tagen, dem 13. und 14. Februar 1945, gelungen ist! Sogar in unsere Höhe drangen beißender Qualm, Gestank und bald der Geruch der Verwesung. Eine Stadt war gestorben. Wieviel Menschen? Fünfzigtausend? Hunderttausend? Noch viele Zehntausende mehr? Ich wußte es nicht.

Noch Wochen blieb ich in diesem Gefängnis, das zu den wenigen Häusern der Stadt gehörte, die unbeschädigt geblieben waren, während Kirchen, Schlösser und Paläste in Schutt und Asche sanken. Welcher Hohn!

Noch viele Wochen hatten wir auszuharren in dieser gastlichen Herberge, umgeben von Trümmern und Gestank. Deutschland lag in den letzten Zuckungen eines erbarmungslosen Todeskampfes. Bis zum Ende des Krieges konnte es nicht mehr Jahre, nicht mehr Monate, allenfalls noch wenige Wochen dauern. Und ich war immer noch am Leben.

Russische Truppen hatten Berlin eingeschlossen und mit ihm Adolf Hitler – ein körperliches Wrack mit den Resten seiner einst so übermütigen Getreuen. Der Würgegriff russischer Armeen hatte ihn eisern und unentrinnbar umklammert. Würde er Manns genug sein, gleich den Millionen der auf sein Geheiß ums Leben gekommenen Soldaten mit der Waffe in der Hand dem Feind entgegenzutreten und den Tod zu suchen?

Ende April wurden wir noch einmal verlegt – zum letzten Mal. Zu Fuß, mit unseren hölzernen Pantinen an den Füßen, trieben sie uns wie eine Herde Schafe durch die Reste der Stadt, die einst als Dresden eine Zierde der menschlichen Kultur gewesen war. Und jetzt? Trümmer, wohin man sah. Zerstörung, Tod, entsetzliche Verwüstung, ein Bild trostlosen Elends. Das war der totale Krieg, den Dr. Josef Goebbels gefordert hatte. Wo war er jetzt, der Dämon des Tyrannen, der sich in seinen Lobpreisungen überschlagen, an seinen eigenen geschliffenen Reden berauscht hatte? Er leistete seinem Herrn und Meister im Führerbunker in der Berliner Wilhelmstraße Gesellschaft, seinem baldigen Tod entgegenharrend. Ihr aller Ende war ebenso schaurig wie verdient. Nur kam es für viele Monate, ach so viele Jahre zu spät.

Wir schleppten uns durch die Trümmer aus der Stadt heraus, hinaus auf die Landstraße nach Osten. Schwer war es, in diesen Holzgaloschen zu gehen, die uns die Füße wundrieben. Wir gingen, bis wir nicht mehr weiterhumpeln konnten. Eine Pause mußte eingelegt werden. Wir verbanden uns die Füße, so gut wir konnten. Dann mußten wir weiter.

Wohin soll es gehen, fragten wir?

Nach Stolpen, sagte man uns.

Von einem Ort dieses Namens hatte ich noch nie gehört.

Endstation Stolpen

Unter Schmerzen, mit blutigen und zerschundenen
Füßen, überwanden wir diese fünfundzwanzig bis drei-
ßig Kilometer lange Marterstraße und erreichten am
späten Nachmittag die Kleinstadt Stolpen. Winzig das
dortige Gefängnis, mehr für Landstreicher und Trun-
kenbolde zur Ausnüchterung geschaffen als für hochka-
rätige politische Kriminelle, für zum Tode Verurteilte
wie mich.

Herrgott, was für ein Gefängniswächter, der dieses
Zwergengefängnis in seiner Obhut hatte! Gleichsam
einem Märchenbuch entstiegen, stand er vor uns mit
seinem struppigen Zwirbelbart über dem halslosen, ge-
drungenen Rumpf. Eine Uniform, an der Seite ein ge-
waltiger Revolver, größer als das ganze Männchen. Ob
er wohl je einen Schuß daraus abgefeuert hatte? Gewiß
nicht!

Richtig gemütlich wirkte dieses Gefängnis auf mich.
Dörflich, fast anheimelnd, unser Wächter, wie eine Mi-
schung aus Nußknacker und Dorfgendarm.

Wir waren eine Gruppe von an die zwölf Frauen. Natürlich war das Gefängnis einem solch massiven Ansturm
nicht gewachsen. Es verfügte lediglich über einige Holz-
pritschen. Aber jeder Häftling bekam eine Decke, die
wir auf dem Boden ausbreiteten, uns zu zweit daraufleg-

ten, um uns dann gemeinsam mit der verbleibenden zweiten Decke zuzudecken.

Eine der Frauen hatte offene Lungentuberkulose. Keine wollte sich mit ihr zusammenlegen. Ohnehin eine Todeskandidatin, erbarmte ich mich ihrer, und wir teilten uns das bescheidene Lager für die Dauer unseres Aufenthalts.

Unser Nußknacker klagte uns sein Leid. Natürlich müsse er uns verpflegen, aber womit? Mit dem Verpflegungsnachschub klappe es nicht. Nichts sei ihm geliefert worden. Und was tat der wackere Mann? Er verpflegte uns aus eigener Tasche, kaufte, was erhältlich war. Das war natürlich nicht allzu viel. Doch zu einem kargen Mahl reichte es gerade noch. Es sah so aus: Zum Frühstück eine Scheibe trockenes Brot, zum Mittag vier bis fünf Kartoffeln und zum Abendessen wieder eine Scheibe Brot. Einmal ist es unserem Revolverbart sogar gelungen, für jede von uns eine Scheibe Wurst zu ergattern. Köstlich, wenn auch undefinierbaren Inhalts. Er war ein echter Schatz, unser Zwirbelbart.

Auch einige Männer waren in unserem Gefängnis inhaftiert. Weiß der Himmel, was sie verbrochen hatten, und vor allem, wo sie ihre Nachrichten herbekamen. Von außen gelangten sie auf uns unbekannten Wegen an unser sehr hoch gelegenes Fenster und ließen Zettel herab mit Nachrichten über die Frontlage. Sie machten uns Mut. Lange könne es nicht mehr dauern. Der Russe nahe, sich Meter um Meter, Kilometer um Kilometer vorwärtskämpfend. Jeder Brief endete mit den Worten: »Haltet aus!«

Dann kam der große Tag, der 1. Mai. In Anbetracht der ungeheueren Bedeutung der Nachricht hatte sich einer der Männer auf die Schultern eines anderen gestellt und sich so bis zu unserem Fenster hinaufgehangelt: »Hitler ist tot! Wir wissen nicht wie. Aber tot ist er auf alle Fälle. Es ist durch das Radio gekommen. Zunächst haben sie gesagt, er sei im grauen Uniformrock des Soldaten an der Front gefallen. Das stimmt aber nicht. Umgebracht hat er sich. Frauen, es dauert nicht mehr lange, und wir sind frei. Der Russe steht schon ganz in der Nähe! Haltet aus! Haltet aus!«

Herrgott, war das eine Nachricht! Hitler war endlich tot! Fort war der große Magier, hatte sich feige weggestohlen aus seinem verfehlten Leben, aus seiner erdrückenden Verantwortung, und die meisten seiner Paladine mit ihm. Jetzt war niemand mehr da, dem die Massen bedingungslos folgen konnten. Die Zeit der Selbstbesinnung brach an. Das deutsche Volk konnte endlich wieder zu sich selbst zurückfinden. Lange, lange Zeit würde es hierfür benötigen. Das »tausendjährige Reich« war am Ende. Gerade zwölf Jahre hat es gewährt.

Dumpfes Grollen drang drohend zu uns herein. Die Luft schien zu vibrieren. Unsere unbekannten Freunde riefen uns durch das Fenster zu: »Der Russe kommt! Es kann sich nur noch um Stunden handeln. Haltet aus!«

Es war die Front, die mit ihrem zermalmenden Donner auf uns zuwalzte. Die Front, die Russen mit ihren Granaten und Panzern. Was würde geschehen? Würden wir überleben?

Am 2. Mai abends erschien unser friedlicher Märchenwächter Zwirbelbart mit seinem Riesenrevolver. »Frauen! Der Russe steht vor der Stadt. Ich habe Befehl, euch morgen zu erschießen.«

Die Enden seines gezwirbelten Bartes zitterten. Ich spürte, er war zutiefst erschüttert. Nie in seinem Leben hatte er einen Schuß abgegeben, niemals einen Menschen getötet. Nun sollte er eine ganze Gruppe von Frauen erschießen. Frauen, die ihm nichts getan hatten, die wehrlos waren? Alles, was er gelernt hatte, wozu ihn in ferner Vergangenheit seine Eltern erzogen hatten, geriet ins Wanken.

Mit seinem Revolver Frauen erschießen? Wie sollte er das machen? Sollte er jeder von uns den Lauf des Revolvers an die Schläfe halten oder ins Genick und abdrükken? Ich meinte zu ahnen, daß Gedanken solcher Art ihn zutiefst bewegten und aufwühlten. Natürlich erschraken wir. Er habe Befehl, uns zu erschießen? Morgen? Nur wenige Stunden vor der Befreiung? Das konnte nicht sein! Doch wir faßten bald wieder Mut. Unser Nußknacker, der uns aus eigener Tasche verpflegt hatte, würde das nicht fertigbringen. Er war ein guter Mann. Er würde eher an diesem Befehl zerbrechen als ihn befolgen.

Die Nacht kam. Wir legten uns auf unsere Decken und versuchten zu schlafen, das schaurige Grollen der näherrückenden Front im Ohr. Wer kann schon schlafen, wenn die Freiheit zum Greifen nah ist und gleichzeitig ein unmenschlicher Befehl ihn bedroht? Wieder einmal saß mir die Todesangst im Nacken. Ich wälzte mich hin und her, voll innerer Unruhe. Der Schlaf, mein bester Freund, mied mich, nahm mich erst lange nach Mitternacht in seine beruhigenden Arme. Was würde uns der kommende Tag bringen, der 3. Mai 1945, den Tod oder die Freiheit?

Ich war schon lange wach, als blasses Morgengrauen

durch unser hohes Fenster seinen ersten matten Schimmer zu uns hereinsandte. Würde die Sonne dieses Tages uns abends als Leichen oder als freie Menschen bescheinen? Was mochte unser harren?

Unser Nußknacker-Gendarm trat in die Zelle, an seiner Seite der Revolver, riesengroß. Ob er ihn ziehen würde? Sollte das Unwahrscheinliche, das Unglaubliche wirklich eintreten? Minuten vor der Errettung?

Nein, es geschah nicht. Der arme Mann war sichtlich verwirrt, aber seine Menschlichkeit hatte über einen verbrecherischen Befehl triumphiert. Er hielt einige Formulare in der Hand, für jede Frau eines, die er in der Nacht ausgestellt hatte: unsere Entlassungsscheine. »Margot von Schade hat hier an der Gemeinschaftsverpflegung teilgenommen. Sie wird mit dem heutigen Tag entlassen.«

Stempel, Datum, Unterschrift.

Das also war das sang- und klanglose Ende meiner neuneinhalbmonatigen Gefängniszeit. »Gemeinschaftsverpflegung« ... »Entlassen«. Na, bitte sehr. Alles gestempelt und unterschrieben. Wie einfach das war.

»Kommt raus. Nehmt alle eure Sachen mit. Der Russe kommt, beeilt euch.« Mit Stricken und meiner Decke bastelte ich mir einen Rucksack, in dem ich meine armseligen Habseligkeiten tragen konnte. Dann verließen wir das Gefängnis, das letzte meiner zahllosen Quartiere.

Endlich wieder frei!

Wir traten hinaus. Herrgott! Die Sonne schien von einem blauen Maienhimmel. Es war herrlich warm. Ich war frei! Frei! War das denn wirklich wahr? Träumte ich nicht?

Tief atmete ich die wunderbare Frühlingsluft ein. Nie war sie mir köstlicher erschienen. Ich hätte die Welt umarmen mögen. Wie war sie schön! Vorbei die Zeit der Gefängnisse, der Entmündigung, der Todesangst. Tot waren sie alle, meine Feinde. Hitler, Freisler. Also gab es doch eine Gerechtigkeit. Ich hatte mich nicht geirrt. Danken wollte ich, irgend jemandem danken für die Herrlichkeit dieses Augenblickes. Aber es war niemand da, an den ich meinen Dank hätte richten können. Wäre ich gläubig gewesen, ich hätte gewußt, wem ich zu danken hatte. Aber meinen Glauben hatte ich verloren. Er war mir ausgetrieben worden. So dankte ich dem Himmel, daß er ausgerechnet heute blau war, der Sonne, daß sie mir schien. Ich war frei! Ich hätte es herausschreien mögen.

Unser Nußknacker meldete sich noch einmal kleinlaut zu Wort. Wir sollten nach Leitmeritz gehen, jenseits des Erzgebirges, im Böhmischen, im Sudetenland. Dort seien unsere Zivilsachen gesammelt und aufbewahrt. Ein Polizist würde uns hinführen.

Nach Leitmeritz? Das lag ja im Süden. Ich aber wollte nach Westen, nach Köln, nach Hause zu meiner Mutter. Im Osten war der Russe, und vor ihm hatten wir einen höllischen Respekt.

Nein, nach Süden wollte ich bestimmt nicht. Zum Teufel mit meinen Sachen! Ich wollte nach Hause, nichts als nach Hause. Also nach Westen.

Geld? Ich hatte keinen Pfennig. Was machte das schon? Wer fragt nach Geld, wenn er nach Monaten der Gefangenschaft die Freiheit wieder genießen darf.

Das ständige Grollen der Front im Osten nahm zu, näherte sich rumpelnd und bedrohlich. Also fort von der drohenden, heranrückenden, verderbenbringenden Feuerwalze. Nach Westen!

Zunächst folgten wir alle unserem Polizisten, der uns vorantrottete. Doch nicht lange. Mit sechs bis sieben Frauen blieb ich nach und nach zurück. Keiner kümmerte sich um uns. Der Polizist entschwand unseren Blicken und mit ihm die meisten der Frauen, die es zu ihren Sachen nach Leitmeritz trieb, die den Absprung in die Selbständigkeit noch nicht schafften. Endlich waren wir allein und auf uns gestellt. Wir bogen nach rechts ab, irgendwo auf der Landstraße in eine Richtung, die nach Westen zu führen schien. Bald kamen wir an eine Brücke. Ein Soldat stand davor, sie zu bewachen. Der arme Kerl, sollte er allein die Russen aufhalten?

»Wo geht es nach Westen?«

Er schaute uns mitleidig an, unsere abgetragene schwarze Gefängniskleidung, unsere Holzgaloschen.

»Wollt ihr Brot?«

Alle stürzten sich gierig auf die Scheiben, die er von seiner Ration absäbelte. Ich nicht.

Statt dessen fragte ich ihn: »Hast du nicht eine Zigarette für mich?«

Er gab mir drei. Was habe ich die ersten Züge genossen. »Geht über die Elbe«, meinte er. »Dort seid ihr in Sicherheit. Der Russe geht bis zum Fluß, dann sollen die Amerikaner kommen.«

»Junge, komm mit! Schmeiß deine Flinte ins Feld. Der Krieg ist vorbei.«

Doch er schüttelte traurig den Kopf:

»Nein, das kann ich nicht. Das darf ich nicht.«

Armer Soldat. Nun stand er weiter an seiner Brücke und wartete auf die herannahenden Russen, weil er gelernt hatte zu gehorchen. Befehl ist Befehl. Für Führer, Volk und Vaterland. Doch der Führer war tot. Dennoch hielt er weiter Wache an seiner Brücke, im Rücken seine Familie, die er gewiß liebte, nach deren Geborgenheit er sich sehnen mochte. Vor sich den Russen, die Front, den Tod oder die sibirische Gefangenschaft. Was mag aus ihm geworden sein? Ob er am Leben geblieben ist? Für mich steht er immer noch an seiner Brücke.

Weiter gingen wir unseren Weg, nur weiter, nach Westen, zur Elbe, in die Richtung, die der junge Kerl uns gezeigt hatte. Lange sind wir nicht mehr gelaufen. Die Holzpantinen drückten, scheuerten uns wieder einmal die Füße wund. Aber dieses Mal auf dem Weg in die Freiheit.

Was für Frauen waren das, mit denen ich nach Westen zog? Nun, Frauen wie stets in diesen letzten Wochen: Politische, Gefangene und Bibelforscher. Sie waren die Besten, fest und unerschütterlich in ihrem Offenbarungsglauben, mochte da kommen, was wolle. Sie fürchteten keine Unterdrückung, keinen Tod.

Eine andere hatte einen französischen Kriegsgefangenen geliebt, sich in der Scheune ihres Bauern, bei dem
sie als Magd arbeitete, mit ihm getroffen und dort die
Erfüllung ihrer Liebe erlebt. Wie schnell hatte man sie
denunziert und ins Gefängnis gesteckt! Auch sie war
jetzt frei. Ob ihr französischer Freund auf sie warten
würde?

Wir zogen weiter, ein auffälliger Trupp junger Frauen,
mehr Vogelscheuchen als weiblichen Wesen gleich. Die
Pantinen schienen uns die Füße zu zermalmen. Bald
konnte ich nicht mehr gehen, keinen Schritt mehr.

»Geht allein, laßt mich hier sitzen. Ich muß mich erholen. Ich komme später nach.«

»Unsinn, wir bleiben zusammen.« Sie ließen mich nicht
im Stich. Was tun?

Ein Dorf lag in Sichtweite. Dort wollten wir hin, uns ein
Quartier für die Nacht suchen. Morgen war auch noch
ein Tag. Wir waren ja frei, konnten tun, was wir wollten,
gehen, wohin uns der Sinn stand. Vorbei die Zeit der
Zellen, der schlüsselrasselnden und kommandierenden
Beamtinnen.

Also weitergehumpelt, hinein ins Dorf. Die müssen uns
doch mit offenen Armen empfangen, dachte ich, jetzt,
wo der Krieg zu Ende ist und mit ihm der Naziterror.

Nun, ganz so war es nicht. Ein Bauer begegnete uns,
stellte sich als Bürgermeister des Ortes vor, setzte sich
in Szene. Wer wir wären? Wohin wir wollten? Mißtrauisch musterte er unsere Gefängniskleidung. Ein Hakenkreuz zierte das Revers seiner Joppe. Ist das möglich?
fragte ich mich. Wir klärten ihn auf. Wir kämen aus dem
Gefängnis Stolpen und wollten über die Elbe nach
Hause.

»Was habt ihr angestellt? Welche Verbrechen?«

Himmel noch einmal, dachte ich, soll denn dieser Wahnsinn nie ein Ende haben? Mein Widerspruchsgeist erwachte. Aggression kam hoch. Kaum dem Gefängnis entronnen, fand ich schnell wieder zu meinem angeborenen Selbstbewußtsein zurück. Also war, aller Not der Vergangenheit zum Trotz, doch noch nicht alles in mir entzwei.

»Ich habe aus politischen Gründen im Gefängnis gesessen.« Stolz begann sich in mir zu regen. Verdammt noch mal! Ich habe meinen Kopf hingehalten, wie ihr alle es hättet tun sollen.

»Was«, ereiferte sich der Herr Bürgermeister, Oberhaupt über an die hundert Seelen. »Du bist eine Politische?«

Immer noch das deklassierende »Du« von einem Mann, den ich mein Lebtag noch nicht gesehen hatte. »Was treibst du dich hier herum«, fuhr er fort. »Verbrechergesindel. Ihr glaubt wohl, ihr könntet jetzt machen, was ihr wollt, weil der Führer tot ist. Da irrt ihr euch aber gewaltig. Es wird Zeit, daß ich euch umlege. Heil Hitler!«

Das gab es also auch noch. Nach fünfeinhalb Jahren Krieg, Tod, Zerstörung, schrecklicher Verbrechen. In dieses Dorf schien nichts davon gedrungen zu sein. Mit drohenden Wortausbrüchen wie »Wunderwaffen«, »Durchhalten« entfernte er sich. Ernst nahmen wir ihn nicht. Eine russische Kugel warf ihn später auf einen Misthaufen.

Wir betraten ein uns anheimelnd erscheinendes Haus. Ein altes Mütterchen trat uns entgegen. »Können wir bei Ihnen unterkommen, für eine Nacht hierbleiben?«

Einladend mögen wir nicht ausgesehen haben mit unse-

rer rabenschwarzen Kleidung, die ich bereits als Ehren-
kleid anzusehen begann.

Begeistert schien sie nicht zu sein. Man konnte es ihr
nicht verdenken. »Wenn ihr mich vor den Russen
schützt.«

Aha, wir sollten also ihr Freibrief sein. Aber was tat das
schon? »Natürlich, Mütterchen, das machen wir
schon.«

Der Pakt war geschlossen, unser Nachtquartier gesichert.

Ein Bauer erschien und sah uns. »Wer seid denn ihr?
Kommt ihr aus dem KZ?«

»Nein, aus Stolpen, aus dem Gefängnis.«

»Ich habe als Politische gesessen«, stellte ich mich
vor.

Das Eis war damit gebrochen. »In Ordnung, kommt mit
mir. Ihr könnt bei mir essen.«

Der Mann schien es ehrlich zu meinen. Wir gingen mit
ihm einige Bauernhäuser weiter.

Dröhnend und grollend drohte das Donnern der nahen
Front im gar nicht mehr fernen Osten. Die ersten wei-
ßen Tücher – Bettlaken und Tischtücher – erschienen in
den Fenstern, zum Zeichen der Übergabe und Unter-
werfung, der Bitte um Schonung und Gnade. Die Zeit
der Götterdämmerung hatte begonnen.

Der Bauer bewirtete uns nach Kräften – weil wir ihm
leid taten oder um sich für die herannahenden Russen
ein Alibi zu verschaffen? Ich weiß es nicht.

Aufgeregte Rufe von der Straße schreckten ihn hoch.
Er eilte nach draußen, um eilends wieder hereinzustür-
zen. »Die Russen sind da! Pioniere haben in der Brücke
eine Sprengladung angebracht. Wenn sie hochgeht, ist

das Dorf ein Trümmerhaufen, und die Russen bringen uns alle um. Wir müssen die Russen warnen.«

Der Bauer und ich liefen hinaus, ich in meinen Pantinen, so schnell, wie es mir meine blutigen und aufgescheuerten Füße erlaubten. Die anderen Frauen eilten in unser Quartier zurück. Mühsam hielt ich Schritt. Wir eilten über die Brücke, ohne in die Luft zu fliegen. Die Sprengladung war auf schwerere Gewichte, auf Fahrzeuge und Panzer, eingestellt.

Die ersten russischen Panzer rollten uns entgegen. Wir versuchten verzweifelt, sie mit heftigen Armbewegungen und Hinweisen auf die Gefährdung der Brücke zum Halten zu veranlassen, stets bereit, bei einem Weiterrollen seitwärts in den Graben zu springen. Und wir hatten Erfolg. Die Panzer hielten. Eine Luke öffnete sich, das Gesicht eines russischen Soldaten erschien. Mit Worten und heftigen Gebärden versuchten wir, ihm die in der Brücke steckende Gefahr verständlich zu machen. Er konnte ein wenig deutsch, ebenso die meisten seiner Kameraden, wie sich später herausgestellt hat.

Ein kurzer Wortwechsel mit nachrückenden Infanteristen, und die Brückensprengladung wurde entschärft. Die Panzer passierten sie und ratterten ins Dorf hinein, begrüßt von einem Geflatter zahlreicher weißer Bettlaken, die zu betteln schienen: »Übergabe. Wir tun euch nichts. Schont uns! Wir sind harmlose Bauern. Von nichts, rein gar nichts haben wir etwas gewußt.«

Ich ging zurück zu Omas Haus, wo ich von meinen Kolleginnen lebhaft begrüßt wurde. Das Dorf füllte sich mit einer Unmenge von russischen Soldaten in ihrer für uns unbekannten olivbraunen Uniform, runden Stahlhelmen. Slawische, breite Gesichter mit hohen, vorstehenden Backenknochen. Fremde, uns unverständliche Laute erfüllten die Dorfstraße: Rufe, Kommandos, Befehle.

Meine Zeit mit den Russen hatte begonnen. Was würde sie mir bringen? Wohl war mir nicht in meiner Haut. Deutsche Soldaten, die kannte ich. Aber russische? Ich erinnerte mich der russischen Kriegsgefangenen, mit denen ich in Demmin so gut, fast freundschaftlich, ausgekommen war und die meine Verurteilung indirekt mitverursacht hatten. So schlimm konnten sie also nicht sein.

Ich starrte aus dem Fenster. Die Soldaten begannen das Dorf zu durchkämmen auf der Suche nach Resten deutscher Truppen, Waffen und Munition. Aber nichts konnten sie entdecken. Das Dorf barg keine Gefahr für sie. Quartier wurde gesucht und genommen. Ein junger Offizier stand vor unserem Haus, zeigte in unsere Richtung und gab zu verstehen, daß er bei uns Quartier zu nehmen gedenke.

Meiner guten Beziehungen zu seinen Landsleuten in Demmin eingedenk und schon wieder ein wenig ich selbst, eilte ich hinaus, trat auf ihn zu, redete auf ihn ein. Ich deutete auf meine Gefängniskleidung, auf meine Nummer 1505 und bedeutete ihm, daß ich und ehemalige Mitgefangene im Haus wohnten.

Wieder hatte ich Glück. Er verstand, was ich ihm sagen wollte. Ich zeigte ihm meinen Entlassungsschein, den mit der »Gemeinschaftsverpflegung«. Ob er ihn verstand? Ich weiß es nicht. Er blickte mich zweifelnd an. Was sollte er mit mir schwarzgekleidetem sonderbarem Vogel machen?

Er wirkte durchaus angenehm und sympathisch. Aus

welcher fernen östlichen Gegend mochte er stammen? Aus einer Stadt? Aus einem Dorf? Ob er seine Eltern liebte, eine Frau, seine Kinder? Das Gefühl der Sympathie schien gegenseitig zu sein. Ich spürte es. Unser Ton wurde freundlicher. Er begann Verständnis zu zeigen. Er schickte zwei Soldaten ins Haus, die ständig mit einer Handgranate in der Hand spielten, um es durchsuchen zu lassen. Ich folgte ihnen.

Mensch, laß das doch, sagte ich mir. Wenn das Eisenei in die Luft geht, was dann?

Unverrichteter Dinge kehrten sie zurück. Nichts Verdächtiges hatten sie finden können. Der Offizier war mit unserem Verbleib im Haus einverstanden und verzichtete auf seine eigenen Quartierwünsche.

Doch nicht lange blieben wir ungestört. Wieder drangen russische Soldaten in unser Haus, sahen uns junge weibliche Wesen und wurden zudringlich. Meine angeborene Mentalität kam immer mehr zum Durchbruch. Sie war während der Haft lediglich verschüttet, durch die vielfältigen Demütigungen und Bedrohungen unterdrückt, doch nicht ausgelöscht, nicht gebrochen worden. Ich spürte diese innere Befreiung und fand zu der mir immer eigenen Aktivität zurück – für mich unerwartet und schneller, als ich es zu träumen gewagt hatte. Es waren wohl auch die ungewöhnlichen Umstände, die diesen jähen Wandel bewirkten.

Ich eilte zu meinem Offizier zurück, den ich wiederum auf der Straße entdeckte, und machte ihm verständlich, was geschehen war.

Merkwürdig, er mochte eine verwandte Seele in mir entdeckt haben und vertraute mir so wie ich ihm. Er begleitete mich zurück ins Haus, vertrieb die Soldaten, gab zwei anderen Befehl, vor dem Haus Posten zu beziehen und jegliches Betreten Unbefugter zu unterbinden.

Es kam der 8. Mai. Die neue Situation ließ sich gut an. Vor kurzem noch von der Riesenpistole unseres Gendarmen bedroht, und heute wurde unsere Freiheit bereits von zwei russischen Soldaten bewacht. So schlimm mochten sie allen Gerüchten zum Trotz also doch nicht sein.

Ich war unversehens die Wort- und Anführerin unserer Gruppe ehemaliger Häftlinge geworden. Ohne daß es eines Wortes bedurft hätte, erkannten sie meine Autorität an. Ich hatte mich nicht danach gedrängt. Es ergab sich einfach so. Selbst neun Monate Haft hatten mir das Wortführen und Kommandieren nicht abgewöhnen können.

Als Belohnung dafür, daß wir ihr Haus von Russen freihielten, hatte unsere Oma uns ein Bett, ein Sofa und ein paar Matratzen zur Verfügung gestellt. Als Anführerin der Gruppe wurde mir das Bett angeboten.

Der Krieg war aus. Er war verloren, wie unser Land in seiner Geschichte kaum grausamer einen Krieg verloren hatte, einen Krieg, den die Nationalsozialisten ohne Not mutwillig vom Zaun gebrochen hatten. Wäre es nicht so gewesen, meine Empfindungen würden andere gewesen sein. Aus und vorbei waren das Töten und Morden, das Denunzieren, Verhaften und Verurteilen Andersdenkender oder Fremdrassiger. Wir waren wieder frei, befreit von der Angst vor lauschenden Ohren hinter der Tür, vor der Anzeige von Menschen, denen wir vertrauten und die einen dennoch bei der Geheimen Staatspolizei denunzierten.

Frei! Endlich frei! Ein unendliches Glücksgefühl durchströmte mich. Fort war das Todesurteil. Vergangenheit. Doch niemals vergessen. Unvergessen bis an mein Lebensende würden Entwürdigung, Knechtung und Freiheitsberaubung bleiben. Aber heute war ich frei. Befreit durch die russischen Truppen. Wer wollte es mir verargen, wenn ich sie als meine Befreier begrüßte, die mich obendrein schützten, mir zu Hilfe kamen, wo sie konnten?

Mein junger Offizier kam in unser Haus und brachte einige Kameraden mit. Ja, sie fragten sogar, ob sie hereinkommen dürften. Brot, Butter, Konserven, Wodka und Zigaretten brachten sie mit. Und irgendwie kam er wieder auf, der Name, den mir meine russischen Kriegsgefangenen in Demmin schon gegeben hatten: »Malinki Baroneß.«

»Der Krieg ist aus, Malinki Baroneß! Wir müssen feiern. Ihr seid wieder frei.«

Und wir haben gefeiert. Die uns mitgebrachten Lebensmittel erschienen uns als herrliche Köstlichkeiten! Wir haben sie genossen, mit Wodka angestoßen und endlich wieder eine Zigarette geraucht – nicht heimlich, verbotenerweise hinter vorgehaltener Hand unter einem Zellenfenster, sondern frei und ungezwungen.

»Trinkt nicht soviel!« ermahnte ich meine Frauen. »Man kann nie wissen.« Immerhin hatte ich in Demmin meine Erfahrungen mit Soldaten gesammelt. Soldaten waren stets gleich, überall in der Welt, gleich welcher Nationalität. Sie waren Männer und fern ihren Frauen. Wehe dem weiblichen Wesen, das allzu willig in ihre Nähe kam!

Die Frauen respektierten mehr oder weniger den Rat

ihrer freiwillig angenommenen Anführerin. Unser Fest – als solches empfanden wir den Abend – verlief friedlich. Unsere russischen Freunde hatte ich ermahnt: »Nicht tätscheln! In die Betten, wir haben nur eins, geht es nicht.« Nun gut, sie beherzigten meine Ermahnung. Es gab eine Unterbrechung. Die Meldung wurde überbracht, deutsche Truppen unter dem Feldmarschall Schörner würden sich nicht an die Kapitulation halten, sondern den Kampf fortsetzen.

Schörner kommandierte die deutschen Truppen in Böhmen und Mähren, jetzt wieder Tschechoslowakei. In den letzten Kriegswochen hatte er deutsche Soldaten und Offiziere, die sich ergeben und nicht mehr weiterkämpfen wollten, an Chausseebäumen aufhängen lassen, mit einem Schild auf der Brust: »Ich bin ein Vaterlandsverräter und wollte deutsche Frauen und Kinder verraten.« Ohne Gerichtsverfahren, gegen alles Recht, mußten sich die Unglückseligen mit der Schlinge um den Hals auf die Laderampe eines LKW stellen. Der Laster fuhr an, der Delinquent stürzte herab in den Tod. Schnell wurden die Fenster wieder verdunkelt, die Posten im Dorf alarmiert. Aber unsere kleine Feier ging weiter. Eine der Frauen wollte dann doch noch nachholen, was die Gefängnishaft ihr verwehrt hatte. Ein williger »Iwan« war schnell gefunden. Doch bevor unser Fest auszuufern begann, mahnte ich unsere russischen Gäste zum Aufbruch. »Nix Bett! Nach Hause! Wir wollen jetzt schlafen.«

Und welch Wunder: Alle folgten meiner Ermahnung. Unsere Iwans, Igors, Olegs und wie sie heißen mochten, räumten friedlich das Feld. »Morgen, morgen. Heute: Gute Nacht!«

Wo mögt ihr herkommen? Aus dem Kaukasus, der Taiga, aus Leningrad, Moskau, Kiew? Liegt eure Heimat jenseits des Ural? Asiatisch sahen sie zum Teil schon aus, unsere Iwans.

Aber was bedeutet das schon. Mögt ihr rund- oder schlitzäugig sein, euch verdanke ich meine Freiheit. Ihr behandeltet mich als einen freien Menschen, was meine Landsleute nicht getan haben. Als Freunde zeigtet ihr euch. Als Freunde bleibt ihr in meiner Erinnerung.

Selbst meine liebeshungrige Kameradin rollte sich maulend in ihre Decke. Mit unserer Ruhe freilich war es zunächst noch nichts. Bis auf eine Frau und mich, die wir uns beim Essen zurückgehalten hatten, wurden alle anderen erbärmlich krank. Ihre Mägen revoltierten. Die erschöpften Körper, an keine üppige Nahrung mehr gewöhnt, rächten sich mit Magenkrämpfen und Erbrechen. Wehklagen und jämmerliches Stöhnen erfüllten unser Zimmer.

Schwach und wankend erwachten sie am nächsten Morgen. Was war ich froh, daß ich mich beherrscht hatte.

Ich trat vor unsere Haustür. Die beiden Posten begrüßten mich mit einem freundlichen: »Guten Morgen, Malinki Baroneß. Frühstück? Kaffee?«

Sie brachten uns in der Tat alles, was wir für ein Frühstück benötigten. Brot, Butter, sogar Wurst und echten Kaffee. Woher sie alles hatten? Ich weiß es nicht. Ich zerbrach mir auch nicht den Kopf darüber.

Wir blieben sechs Tage in diesem Dorf unter der Obhut unserer russischen Beschützer. Als wir sagten, wir müßten weiterziehen, eine jede in ihren Heimatort, zurück zu ihrer Familie, begegneten wir Bedauern, aber auch Verständnis. Mein Offizier bedeutete uns, daß wir Kleidung und Schuhe benötigten. Ein Lager sei in der Nähe mit ausgelagertem Gepäck. Wir würden uns dort neu einkleiden können. Zwei Posten hätten Anweisung uns hinzuführen.

Sie brachten uns auch wirklich dorthin. Es war ein großer Schuppen, angefüllt mit Möbeln, Kisten, Kasten und Koffern, die sie geöffnet hatten auf der Suche nach Waffen und Munition, wie sie sagten. Wäsche, Kleidung, Schuhzeug quoll hervor. Großzügig verteilten sie an uns, was wir nur haben wollten. Ich schämte mich für meine Kameradinnen, die alles nahmen, dessen sie habhaft werden konnten. Gierig und raffsüchtig. Eine hatte sich einen Wäschekorb besorgt und klaubte nun wahllos hinein, was ihr unter die Finger kam; Bügeleisen, Hausrat, Wäsche. Weiß der Himmel, wie sie ihren Korb transportieren wollte.

Ich gestehe, ohne Skrupel nahm ich mir von den angebotenen Kleidungsstücken einen grauen Mantel, zwei Paar Schuhe, Strümpfe, zwei Servietten und eine Wolldecke. Es war gewiß nicht recht, daß ich mir bedenkenlos nahm, was mir nicht gehörte, was anderer Menschen Eigentum war. In einer normalen Zeit wäre mir dergleichen nicht in den Sinn gekommen. Aber damals? So viel Unrecht war mir widerfahren, daß ich meinte, alle seien zu einer Wiedergutmachung mir gegenüber verpflichtet. Ich nahm mir, was ich dringend brauchte – nicht mehr und nicht weniger –, und fragte nicht, ob es gestattet war.

»C'est la guerre!« Ja, das war der Krieg: verrohend, demoralisierend, selbstverständlich anerzogene Moralbegriffe verwischend. Mögen mir die Eigentümer der von mir genommenen Dinge verzeihen.

149

Des Abends besprachen wir, wie wir am nächsten Morgen aufbrechen wollten – zu zweit, zu dritt, eine jede zurück in ihre Heimat, aus der ein aufgezwungenes Schicksal sie vertrieben hatte.

Ich wollte nach Köln, in meine Heimatstadt, zurück zu meiner Mutter, die nicht wußte, ob ich noch am Leben war oder ob man das Todesurteil im letzten Augenblick doch noch vollstreckt hatte. Es gab kein Telefon, daß ich sie hätte anrufen können, keine Post, die ein Telegramm hätte durchgeben, einen Brief hätte befördern können. Alles war zerstört: die Städte mit ihren Postämtern, die Eisenbahnen, die Straßen. Der Krieg hatte einen gigantischen Trümmerhaufen hinterlassen. Es gab auch kein Auto, kein Taxi und keine Eisenbahn, die parat gestanden hätten.

Die Autos, sämtlich von der Wehrmacht beschlagnahmt, waren größtenteils zerstört, und hätte man eines besessen, so hätte man kein Benzin bekommen. Das gab es nämlich nicht mehr. Und Eisenbahnen? Auch sie hatte der Krieg zertrümmert. Und wenn dann wirklich hier und da noch eine Lokomotive, einige Waggons die Zerstörung überstanden hatten, so waren die Gleise zerbombt.

Nur wenige Züge konnten zusammengestellt werden. Um ein paar Kilometer entfernt liegende Orte zu erreichen, mußten zumeist Dutzende von Kilometern Umweg in Kauf genommen werden. Man durchfuhr ein wahres Labyrinth aus vielen zerstörten und wenigen intakten Gleisen.

Eine der anderen Frauen wollte ebenfalls irgendwohin nach Westen. Ich habe vergessen, wohin. Sie schloß sich mir an.

Wieder war es ein schöner, warmer Maienmorgen. Die Sonne erwärmte uns, golden von einem blauen Firmament herabstrahlend. Sie meinte es gut mit uns, als wolle sie mir sagen: »Schau, so schön ist die Welt, die Erde, auf der du gehst, auf der du leben darfst, befreit von aller Angst, Gefahr und Todesnot. Vergiß, daß es auf Erden auch eine Hölle gibt, die kein Gott und kein Teufel erfunden hat. Eine Hölle, erschaffen von Menschenhand. Wenn der Mensch in ihr den Teufel zu erblicken meint, so sieht er nur sich selbst.«

Wir verließen das Dorf, in dem ich die ersten Stunden und Tage der wiedergewonnenen Freiheit erleben durfte, den Ort, in dem mir von russischen Soldaten mehr Freundlichkeit und Hilfsbereitschaft erwiesen worden war als vom größeren Teil der Dorfbewohner, meinen Landsleuten. Mit scheelen Blicken hatten sie mich gemustert, mit Augen, die mir »Vaterlandsverräter« zuzurufen schienen. Der Schatten des Giganten lastete unverändert schwer auf den verwirrten Gemütern der Schlechten wie der Bösartigen.

Vielleicht tue ich der Mehrzahl unseres Volkes damit Unrecht. Mag sein. Aber ich erzähle nur, was ich erlebt habe und wie sich die Russen mir gegenüber benommen haben. Für mich waren sie die ersten freundlichen Menschen, die mir hilfsbereit gegenübertraten nach vielen Monaten, in denen mir meine eigenen Landsleute ein Unmaß unmenschlicher Feindschaft entgegengebracht hatten.

Haben die Russen Greueltaten verübt? Ich habe keine erlebt. Was nicht bedeutet, daß sie nicht geschehen sind. Ich habe nur die russischen Fronttruppen gesehen. Und die waren – wie in den Armeen aller Nationen – diszipliniert, bei allem befehlsgemäßen Töten menschlich. Durch sie gewann ich meine Freiheit. Von ihnen erlebte ich Hilfe, Unterstützung und Freundschaft. Meist sind es die Truppen der Etappe, die ein Land verheeren, Plünderungen, Vergewaltigungen und Vergehen gegen die Menschlichkeit begehen.

Der Weg nach Westen

Nach Westen wanderten wir. Nach Monaten endlich wieder in solidem Schuhzeug. Fortgeworfen hatte ich die hölzernen Galoschen, die mir die Füße blutig geschunden hatten. Zur Elbe wollten wir. Den Weg hatte man uns gezeigt. Nach zwei, drei Stunden rasteten wir im Schatten eines Baumes am Rande der Chaussee unterhalb eines Bahndammes und aßen, was uns die Russen mit auf den Weg gegeben hatten.

Zwei patrouillierende Rotarmisten erschienen. Sie hatten die Gleise zu bewachen. Sie traten zu uns, setzten sich neben uns. Sie radebrechten ein wenig deutsch. Erstaunlich, wie viele Russen sich in unserer Sprache zumindest verständlich machen konnten. Schließlich wurden sie allzu zutraulich und versuchten, sich uns zu nähern. Ich verpaßte ihnen einen Klaps auf die Hände und hinter die Ohren.

Die Wirkung war erstaunlich. Sie ließen von uns ab, wurden freundlich und aufgeschlossen. Woher wir kämen? Wohin wir wollten?

Es gelang mir, ihnen alles verständlich zu machen. Wieder hatte ich Freunde gefunden, die bereit waren, zu helfen. Sie bedeuteten uns zu warten. Wenn einer der wenigen Eisenbahnzüge käme, würden sie ihn für uns anhalten, damit er uns mitnähme in Richtung Westen.

Gesagt, getan. Schnaufend und fauchend erschien nach einiger Zeit wirklich ein Zug, der in westlicher Richtung zu fahren versprach. Meine neuen Freunde stellten sich breitbeinig mitten auf die Gleise, die Maschinenpistolen schußbereit in den Händen. Ihre Gebärden sagten unmißverständlich: Halt!

Der Zug hielt. Der Kopf des Lokomotivführers erschien in seiner Fensterluke. Viele Gesichter reckten sich aus den Abteilen. Überwiegend deutsche Soldaten, die aufgrund eines russisch-amerikanischen Abkommens als Angehörige der ehemaligen Westfront in den amerikanisch besetzten Teil Deutschlands transportiert wurden, wie auf anderen Wegen die unglücklichen Soldaten der Ostfront, die bei den Amerikanern Schutz gesucht hatten, den Russen ausgeliefert wurden. Und das waren viel, viel mehr.

Der Zug war überfüllt. Unsere beiden Russen hielt das nicht davon ab, eine beliebige Tür zu öffnen, um uns pressend und stoßend hineinzuschieben.

Wir wähnten uns unter Landsleuten und in Sicherheit. Es waren immerhin deutsche Soldaten. Doch wieder mußte ich eine bittere Erfahrung machen.

»Wer seid ihr? KZler? Raus mit euch! Verräter!«

Sie rissen die Tür auf, versuchten uns hinauszudrängen. Doch die beiden Russen waren noch nicht fortgegangen – zu unserem Glück, zum Pech des rädelsführenden Soldaten. Sie hatten den Vorgang beobachtet. Mit ihren MPs drohend, eilten sie herbei, griffen sich den feindseligen Landser, zerrten ihn aus dem Abteil, nahmen ihn in die Mitte und führten ihn ab, einem ungewissen Schicksal entgegen.

Vorher freilich halfen sie uns noch aus dem feindlichen

Abteil heraus, um uns in einem anderen Waggon unter-
zubringen. Dabei drohten sie mit Gewaltanwendung,
würde man uns nicht willig mitnehmen. Unmißverständlich wiesen sie auf den Soldaten, den sie nunmehr
mit sich nahmen.

So also sah die Rückkehr in Freiheit und Heimat aus. In
den Schoß der – wie hatten es die Nazis genannt? –
Volksgemeinschaft! Immer noch war ich der Verbrecher. Und die Verführer des gutgläubigen Volkes? Die
millionenfachen Mörder? Waren deren Vergehen denn
immer noch nicht in das Bewußtsein des Durchschnitts-
bürgers gedrungen? Würde das Volk denn niemals lernen?

Es mochte schwer sein, den Weg vom vermeintlichen
Herrenmenschen zum geschlagenen Unterworfenen zu
gehen. Wie lang und beschwerlich würde er werden!

Der Zug fuhr ruckend und schnaubend an, nach Westen, der Elbe entgegen. Wir wurden nicht mehr behel-
ligt.

Wir näherten uns Chemnitz. Die Unterhaltung
schleppte sich quälend und mühsam dahin. Die Soldaten konnten nichts mit uns anfangen. Zuchthäusler,
KZler! Alles gleich. Alles Verräter von Führer, Volk und
Vaterland.

Ob sie wohl immer noch glaubten, wir hätten die Niederlage Deutschlands verursacht? Der Umdenkprozeß
würde lange, lange Zeit währen.

»Und heute gilt, was gestern hat gegolten, denn aus Ge-
meinem ist der Mensch gemacht und die Gewohnheit
nennt er seine Amme.«

Ich sah an meinem schwarzen Kleid herab, auf den
Armen meine Gefängnisnummer, die für Monate mei-

nen Namen ersetzt hatte. 1505. Jetzt war ich stolz darauf. Mochten die Soldaten, die ja selbst nur Verführte
waren, denken, was sie wollten. Irgendwann würden
auch sie sich von den falschen Idolen, denen sie gefolgt
waren, befreien können.

An einem kleinen Bahnhof hielt der Zug. Wir stiegen
aus und erkundigten uns nach Fortsetzung und Ziel der
Fahrt. Nach Norden ging es, erfuhren wir. Ob die lebende, ihres Schicksals harrende Soldatenfracht aller
Hoffnung zum Trotz ins russische Gebiet gefahren
würde?

Wir kehrten nicht in den Zug zurück, sondern setzten
uns auf eine Bank der Station und genossen die herrliche Sonne. Zwei Männer näherten sich uns. Zwei Fahr-
räder an ihrer Seite, gestreifte Drillichanzüge, schirm-
lose, gestreifte Mützen auf dem Kopf. Also Leidensgenossen von uns aus dem KZ. Sie setzten sich zu uns,
froh, Menschen, Frauen zu treffen, deren Schicksal ähnlich dem ihren gewesen war. Sie waren überzeugte Kom-
munisten, Mitglieder der verbotenen KPD, und hatten
infolgedessen einige Jahre in Konzentrationslagern ver-
bringen müssen.

Wir tauschten unsere Erfahrungen aus. Als ehemalige
Todeskandidatin stand ich sofort hoch im Kurs bei
ihnen und wurde respektvoll bestaunt. Endlich einmal
war es keine Verachtung, die mir entgegenschlug. Des
Rates meines vormaligen Gefängnisdirektors eingedenk, unterschlug ich meinen adeligen Namen. Ich
hatte die Vergangenheit und ihre Erfahrungen noch
nicht abgestreift. Ich wollte nicht gleich zu Beginn die
neugewonnene Freundschaft aufs Spiel setzen. So
nannte ich mich Maria Schmitz aus Bergheim zwischen

Köln und Aachen, war dieser Ort doch meinem geliebten Zieverich nahe gelegen.

Der eine von ihnen wollte nach Frankfurt, der andere,
Willi Brahmt mit Namen, nach Essen, wo er eine Tank-
stelle besessen hatte, bevor ihn die Schergen Hitlers ab-
holten. Wir beschlossen, unseren weiteren Weg gemeinsam fortzusetzen, zumindest wir drei, denn meine Kameradin aus Stolpen wollte nunmehr nach Berlin. Sie
hatte Glück, denn es nahte ein Güterzug, der in Richtung Berlin fuhr und dem sie sich und ihre karge Habe
anvertraute.

Wir drei blieben winkend auf unserem kleinen Bahnhof
zurück. An Gesprächsstoff mangelte es uns nicht. Meinen beiden neugewonnenen Freunden war es im KZ gelungen, sich eines Teils der Lagerkasse zu bemächtigen,
bevor sie ihre gastliche Stätte verlassen hatten. Ich habe
mächtig davon profitiert, ohne von Gewissensbissen ge-
plagt zu werden. Wem stand der Besitz einer KZ-Lager-
kasse zu, wenn nicht uns, den Opfern? Was mich störte,
war allenfalls der Umstand, daß ich von diesen völlig
fremden Männern die nächsten Tage abhängig sein,
gleichsam ausgehalten werden sollte. Allen Skrupeln
zum Trotz meinte ich, mir nichts vorwerfen zu müssen.
Wir hatten ein gleiches Schicksal erlitten, hatten uns
nunmehr zusammengetan, um gemeinsam die Reise
fortzusetzen, ein jeder an seinen Heimatort zurückzukehren. Dennoch bat ich sie, mich allein reisen zu lassen. Ich wäre nur eine Belastung für sie, völlig mittellos,
wie ich war. Doch sie wiesen dieses Ansinnen voller Entrüstung von sich und machten es mir leicht, mich ihrer
Begleitung anzuvertrauen. Ich meinerseits war froh und
guter Dinge, zwei männliche Begleiter gefunden zu

haben, die mich beschützen, mir helfen und mich sicher nach Hause geleiten würden.

Mein Leben in Freiheit ließ sich trefflich an. Ich sah der Zukunft guten Mutes entgegen. Wir warteten. Irgendwann würde ein Zug kommen, der uns eine Etappe weiter nach Westen in Richtung Heimat bringen würde. Und er kam.

Es war ein Personenzug in Richtung irgendwohin in den Westen. Die Menschen quollen in Trauben aus den Abteiltüren, saßen auf Trittbrettern und Puffern. Das gleiche Bild haben in den kommenden Jahren alle Züge in Deutschland geboten. Lange würde es dauern, bis sich die Verkehrssituation normalisierte und Reisen wieder zur Freude wurde.

Wohin mit uns? Meine Freunde packten mich unter Armen und Knien und wuchteten mich auf das Waggondach, um selbst mit ihren Fahrrädern nachzufolgen. Wir richteten uns auf diesem ungewöhnlichen, für Fahrgäste nicht vorgesehenen Platz ein, so gut es ging. Wir breiteten eine Decke aus. Mich legten sie in die Mitte, damit ich nicht herunterrollen konnte. Sie selbst legten sich an meine rechte und linke Seite. So eingerahmt erwarteten wir die Nacht.

Den Sternenhimmel über uns, hüllten uns Finsternis und Lokomotivenqualm in ein undurchdringliches Dunkel. Doch auch diese Nacht verging.

Was hatten wir für ein Glück mit dem herrlichen Maiwetter! Es war trocken, ein Tag schöner als der andere. Keinen Tropfen Regen bekamen wir zu spüren. Am wichtigsten war jedoch: es ging vorwärts, immer weiter nach Westen, zurück nach Hause, nach vielen Monaten des Entsetzens. Was machte es da schon, eine Nacht auf dem Dach eines durch die Finsternis ratternden Zuges zu fahren? Es war ein echter Bummelzug wie alle Züge in der ersten Nachkriegszeit, mal fuhr er, öfter aber stand er.

Am nächsten Morgen erreichten wir Chemnitz, die Endstation. Steifgelegen kletterten wir von unserem luftigen, recht ungewöhnlichen Nachtlager herab. Ein neuer Zug in Richtung Heimat mußte gefunden werden.

Gewitzt durch die Erfahrungen der Nacht befanden meine Begleiter, mein Rock sei keine praktische Reisebekleidung. Ich müßte unbedingt eine Hose haben, und ein Rad bräuchte ich ebenfalls.

»Lieber Gott! Wo soll das herkommen?« gab ich zu bedenken. Doch die beiden ließen sich durch derart kleinliche Einwände nicht entmutigen. Als Bewachung der gemeinsamen Habe ließen sie mich auf dem Bahnsteig zurück und entschwanden meinen Blicken, um nach nicht allzulanger Zeit zurückzukehren. Wahrhaftig, mit einem Fahrrad und einer grauen Hose!

Weiß der Teufel, wo sie das alles aufgetrieben hatten. Im Laden zu kaufen war unmöglich. Der Krieg hatte ja die Geschäfte von allen Waren entblößt. Ich zerbrach mir auch nicht den Kopf darüber, sondern freute mich unbeschwert, nunmehr im Besitz dieser unschätzbaren Kostbarkeiten zu sein.

»Organisieren« nannte man dergleichen seinerzeit. Der Krieg, das Amoralischste im Umgang der Menschen miteinander, lockerte jegliche Sitte, ließ Moral und Erziehung vergessen.

Wir beschlossen, statt auf einen Zug zu warten, uns auf die Räder zu schwingen, pedaletretend die Elbe zu erreichen. Irgendwo verlief eine Demarkationslinie, die das russische vom amerikanischen Gebiet trennte. Es war nicht leicht, von der einen Zone in die andere zu gelangen. Aus anfänglichen Kriegsalliierten waren sehr schnell Konkurrenten geworden, die sich mißtrauisch beäugten. Wir mußten irgendwo einen Weg, eine Möglichkeit finden, um hinüberzukommen.

Die Männer waren rührend um mich besorgt. Es mag lange hergewesen sein, daß sie sich mit einem weiblichen Wesen zusammen befunden hatten, schon gar unter derart absonderlichen Umständen. Wir radelten munter durch das Land, auf Landstraßen und durch Dörfer, immer in der Richtung, in der wir Westen vermuteten. Wir hatten Zeit. Nichts und niemand drängte uns. Der Himmel war blau. Die Sonne schien auf uns herab. Es war wirklich tiefster Frieden – kaum faßbar, jedenfalls für uns.

Es ging nach Hause, jubelte es in meinem Inneren. Die Zeit der Gefängnisse war Vergangenheit. Vor mir konnte nach all dem Grauen nur eine herrliche Zeit liegen.

Wir trafen einen wohlmeinenden Bauern, der uns warnte: »Die Demarkationslinie ist geschlossen. Sie lassen niemanden durch. Keiner kann nach drüben.«

Was war das nun wieder? »Drüben?« Waren wir nicht ein Land, ein Volk, ein Heimatland? Was hieß hier »drüben«? War nicht hüben wie drüben Deutschland, mein Vaterland?

»Sie müssen die russische Patrouille abwarten, die regelmäßig die neue Grenze kontrolliert. Ist sie vorbei, können Sie hinüber. Aber Sie müssen sich dabei beeilen. Die Russen schießen verdammt schnell und ohne Warnung.«

6 Die Vollzugs-
eamtin

7 Das Reichsjustizministerium, der Ort meiner Anhörung

18 *Von Dresden bis Stolpe: nichts als Trümmer*

9 Willy Brahmt, mein
treuer Weggefährte im Mai
1945

10 Mein Elternhaus

21 Häftling 1505 end-
lich wieder in Freiheit

22 1988 zu Hause in Steinhorst

Meine neugewonnenen Freunde sollten plötzlich auf mich schießen? Das schien mir undenkbar. So schlimm wird es schon nicht kommen, redete ich mir ein. Doch Vorsicht konnte gewiß nicht schaden.

Mit den Ratschlägen des Bauern und seinen Richtungshinweisen versehen, kamen wir auch glücklich an die Demarkationslinie. Sonderbar, das Land diesseits und jenseits glich sich wie ein Ei dem anderen. Bestellte Felder, grünende Weiden, Baumgruppen und eine Sonne, die beide Teile dieses Landes beschien, gleich ob russisch oder amerikanisch besetzt. Hier wie dort Deutschland, doch nunmehr durch eine Demarkationslinie geteilt. Zwei Welten trafen sich hier, die des Westens und die des Ostens. Die ersten Auswirkungen des Kriegsendes bekam ich an diesem Ort zu spüren.

Die Zwei-Mann-Patrouille erschien, während wir uns hinter einem Gebüsch versteckt hielten. Sie marschierte vorbei, verschwand hinter einem Gehölz. Wir wagten uns hervor. Blickten nach links, nach rechts. Die Luft schien rein, keine Gefahr.

Unsere Räder vor uns herschiebend, liefen wir über einen Acker hinüber ins »Amerikanische«, so schnell uns die Füße trugen. Kein Schuß fiel, kein Kommando, kein »Stoi!« Kein Befehl zum Zurückkehren erscholl. Niemand hatte unseren Grenzübertritt, besser Grenzüberlauf, bemerkt. Wir hatten die amerikanisch besetzte Zone erreicht.

Eine Landstraße tauchte vor unseren Blicken auf, und wir schwangen uns wieder auf die Räder, die ersten amerikanischen Soldaten zeigten sich:

»Stop! What are you doing here? Where are you going? Passport! Come on!«

Was war denn das? Welch rüder, ruppiger Ton! Wie freundlich waren die Russen mir entgegengekommen. War dies die amerikanische Art, mit uns umzugehen, mit den, wie man uns bald nennen würde, »Verfolgten des Naziregimes«? Begriffen sie nicht, daß wir wie sie Feinde des Regimes waren, um dessen Bekämpfung willen sie über den Atlantik gekommen waren, einen hohen Blutzoll entrichtet hatten? Daß wir ihr Herannahen, die Befreiung durch sie und die Freiheit, die niemand außer ihnen unserem Volk bringen konnte, herbeigesehnt hatten? Daß wir Freunde der Amerikaner waren?

Es war die erste kalte Dusche, die mir hier im »freien Westen« zuteil wurde. Weitere sollten folgen. Auf die Hilfsbereitschaft, das Verständnis, die wohltuende Herzlichkeit der russischen Fronttruppen folgte die enttäuschend unpersönliche, abweisende Gleichgültigkeit der Amerikaner. Immer wieder bekamen wir die rauhe, unfreundliche Aufforderung zu hören, unseren Paß vorzuweisen, die Genehmigung, unseren Wohnort verlassen zu dürfen.

Wir hatten gemeint, unsere Gefängnis- beziehungsweise KZ-Kleidung sei Ausweis genug. Doch dem war mitnichten so. Wir sollten ein »Permit« vorweisen, daß wir mit unseren Rädern fahren durften.

Ja, wußten sie denn nicht, was ein Gefängnis, was ein KZ war? Das sollte plötzlich unser Wohnort gewesen sein? Vielleicht erwarteten sie eine von Hitler persönlich unterschriebene Genehmigung für den Wohnungswechsel.

Und immer wieder ein langes Palaver: »Gefängnis, KZ, you understand?«

Mit dem Verstehen war es aber nicht weit her. Sie spra-
chen kein Wort deutsch, wir nicht englisch. Nur mit großen Schwierigkeiten konnten wir ihnen unser Herkommen und unser Ziel plausibel machen, um unsere Fahrt
fortsetzen zu können. Unwillig ließen sie uns letzten
Endes passieren.

Mühsam, mit vielen Pausen, kamen wir westwärts, mal
auf unseren Fahrrädern, mal per Eisenbahn, wenn wir
das Glück hatten, einen westwärts fahrenden Zug zu erwischen. Und wirklich erreichten wir nach gut einer
Woche Frankfurt, das Ziel meines einen Reisebegleiters.
Wir fanden Quartier in einem Hotel, meinem ersten in
der noch so jungen Nachkriegszeit. Wir befanden uns in
direkter Nachbarschaft zum Frankfurter Hauptbahn-
hof. Es schien mir eine ziemlich verrufene Gegend zu
sein, wie ich sie bisher noch nie gesehen hatte. Doch
meine Begleiter waren hier mit allem recht vertraut.
Mochten sie! Sie haben jedenfalls nicht lange gebraucht, unser »Hotel« zu finden.

Hotel? Ja war denn das wirklich ein Hotel? Wieder
Plüsch und sonderbare Gestalten. Merkwürdig, wenn
ich Plüsch sah, mußte ich an einen Puff denken. Natürlich hatte ich nie in meinem Leben ein solches Etablissement kennengelernt – vielleicht im Herbst 1944 in Berlin auf meinem Weg nach Moabit. Plüsch und Puff aber
waren für mich ein und dasselbe. Ich muß, wie mir
scheint, irgendwann einmal davon in einem seichten
Buch gelesen haben.

Ich hatte zuviel erlebt, als daß diese obskure Herberge
mich gestört hätte. Für mich war es die Hauptsache, ein
Dach über dem Kopf und ein Bett unter mir zu haben.
Und das hatte ich.

Eine alte, trotz der vielen mageren Kriegsjahre fette Vettel wies uns ein Zimmer an mit drei Betten. Meine Mutter und besonders meine feine Großmutter hätten sich bekreuzigt, würden sie gewußt haben, unter welchen Umständen ihre Tochter beziehungsweise Enkelin diese Nacht verbrachte!

Mich hat es nicht im mindesten gestört. Ich war endlich frei. Nur noch wenige Tage, und ich würde wieder zu Hause sein. Ich hatte ein Bett und ein Zimmer zusammen mit zwei Männern. Nun, ich hatte schon zusammen mit viel, viel mehr Menschen, zwar Frauen, und unter beengteren Umständen schlafen müssen. Was sollte also dieses Nachtlager zu dritt mich stören? Etwa daß ich das Zimmer nunmehr mit zwei Männern zu teilen hatte?

Du lieber Himmel, ob Männer oder Frauen! Wie gleich war das in jenen Wochen. Weder meinen männlichen Begleitern noch mir stand der Sinn nach irgendwelchen Liebesabenteuern. Uns beschäftigten ganz andere Dinge. Das nächtliche Quartier, Verpflegung, die Suche nach dem rechten Weg, um so schnell wie irgend möglich nach Hause zu kommen. Das war für jeden von uns vollauf genug. Da war für amouröse Abenteuer wahrhaftig kein Platz.

Gewiß, der Frankfurter machte an diesem Abend einmal schwache Versuche des Anbändelns. Doch wie leicht fiel es mir, ihn abzuwehren, ohne daß es dazu vieler, schon gar nicht böser Worte bedurft hätte.

Es war die letzte Nacht, die er mit uns gemeinsam verbrachte. Am nächsten Morgen zog er seiner Wege, zurück zu seiner Familie, die nicht weit von Frankfurt entfernt in einer benachbarten Stadt wohnte. Ob sie noch dort war? Ob alle, die er wiedersehen wollte, gesund und am Leben waren? Wie viele Heimkehrer haben sich in jener Zeit voller Bangigkeit diese Fragen gestellt, wenn sie sich der Heimat und den geliebten Angehörigen näherten, nach langer, oft jahrelanger Zeit der Abwesenheit.

Bevor wir uns schlafen legten, unternahmen wir noch einen kleinen Bummel durch die Stadt: mein erster Gang durch eine deutsche Stadt nach Kriegsende. Was für ein Spaziergang war das! Welch eine Stadt! Trümmer und Ruinen, wohin man sah. Hier und da einmal ein halbwegs unbeschädigtes Haus. Kaum Glas in den Fenstern. Mit Brettern waren sie zugenagelt, mit alten Decken und Lumpen verhangen. Nackte Schornsteine ragten gleich erhobenen, hageren Fäusten in den Himmel. Schaufenster? Gewiß, es gab einige Läden, aber keine Auslagen, in denen Kaufanreize geboten wurden. Metzgerläden: leer, Bäckereien: ohne Waren. Eine entsetzliche Leere gähnte uns an. Straßen – Bürgersteige? Sie waren zerbombt. Die Straßen aufgewühlt von Bombentrichtern. Und überall: Trümmer. Trümmer. Trümmer.

Graue Gestalten huschten vorüber im grauen, diffusen Licht der heranschleichenden Dämmerung, die alles Graue in ein noch graueres Dunkel in einer trostlosen grauen Zeit versinken ließ. Grau war die bestimmende Farbe jener Jahre. Eine Apokalypse der Zerstörung, entsetzlichen Elends umfing uns mit herzbeklemmendem Zugriff. Die Zeit des Hungerns, des Frierens hatte begonnen. Wer die Greuel des Krieges überstanden, den Krieg besiegt hatte, war noch lange nicht gerettet. Wer zu seinen Lieben heimgekehrt war, hatte in hartem Kampf um den Alltag erst das Leben zu gewinnen. Die

Zeit des sich Durchschlagens, gleich wie, war angebrochen.

Hier in diesem zerstörten Frankfurt bekam ich einen ersten Eindruck von dem, was Hitler und seine Nationalsozialisten angerichtet hatten. Ohne ihn keine Bombenangriffe, kein Tod, keine Zerstörung. Keine Not, kein Elend und keine Vertreibung aus der Heimat. Ohne Hitler hätten all die geflüchteten Bürger und Bauern noch heute Heimat und Besitz in Ostpreußen, Schlesien und Pommern.

Wir mußten zurück in unser »Puff«-Hotel. »Curfew« nahte, die Sperrstunde, in der alle von den Straßen zu verschwinden hatten. Die Alliierten hatten ein hartes, strenges Regiment begonnen. Die Zeit der Vergeltung war angebrochen. Wir hatten den Krieg verloren, doch den Frieden noch lange nicht gewonnen.

Wieder begann ein Morgen, ein Tag, der mir meine Heimatstadt in greifbare Nähe bringen würde. Unser zweiter Mann verabschiedete sich, nachdem die beiden am Abend zuvor ihre Reisekasse, die letzten Reste der ehemaligen KZ-Kasse, brüderlich geteilt hatten. Stets hatten sie mich an ihrem bescheidenen Wohlstand, an allem, was sie besaßen, teilhaben lassen. Nie duldeten sie meine Einwände, es wäre mir peinlich, ihnen zur Last zu fallen. Wenn ich in jene Zeit zurückblicke, muß ich gestehen, daß ich vorwiegend anständige Charaktere getroffen habe, die mir behilflich waren, wo sie nur konnten, die sich als echte, gute Kameraden erwiesen. Not einigt, und Reichtum trennt. Begann etwa die rote Couleur meines verbliebenen Kameraden auf mich abzufärben?

»Leb wohl. Alles, alles Gute!«

»Gute Reise. Macht's gut. Laßt von euch hören.«
Wieder entschwand ein Weggenosse dieser wirren Zeit
aus meinem Gesichtsfeld auf Nimmerwiedersehen,
blieb als dunkler, gesichtsloser Schemen in meiner Erinnerung zurück. Wieviel Schatten uns in unserem Leben
begleiten!
Zu zweit legten wir nunmehr die letzten Etappen unserer Irrfahrt zurück. Wir suchten und fanden einen Güterzug, der uns samt unserer geringen Fracht nach Koblenz mitnahm. Dort hieß es wieder warten, suchen
nach einer Fahrgelegenheit nach Norden. Am Nachmittag erwischten wir einen Personenzug, dessen Ziel
Bonn hieß. Bonn! Einen Katzensprung von Köln entfernt. Meine innere Erregung wuchs. Die Rückkehr, die
Heimkehr zu meiner Mutter, meiner Schwester, meinem Elternhaus konnte nur noch eine Frage von Stunden sein.
Wir fuhren den Rhein entlang. Wirklich, jener Fluß dort
zu meiner Rechten, das war der Rhein, Inbegriff der
Romantik, der Burgen und Sagen, des Weines, des
Frohsinns und der Lebenslust. War ich auch keine
Rheintochter, sondern eine düster-schwarzgekleidete,
dem Leben wiedergeschenkte ehemalige Todeskandidatin, einer Vogelscheuche ähnlicher denn einer Rhein-
schönheit, so hatte meine Wiege dennoch dicht am
Rhein gestanden.
Stets war es in meiner Kindheit mein größter Wunsch
gewesen, einmal während des Karnevals als Funkenma-
riechen vor dem Karnevalprinzen und vielen, vielen
Menschen tanzen zu dürfen. Immer bin ich zu rundlich
gewesen. Meine Mutter pflegte zu sagen: »Lieber dick
und pummelig als krumm und buckelig.«

Wenn ich mich vor dem Spiegel kritisch betrachtete – mit eingezogenem Bauch, unter dem ich stets zu leiden hatte –, fand ich Trost an meinen wohlgeformten Beinen und konstatierte, daß ich doch recht passabel sei. Mich zu bedauern, das kam mir nicht in den Sinn. Minderwertigkeitskomplexe waren nie mein Problem.

Ob es jemals wieder einen Karneval geben würde? Nichts war mehr selbstverständlich, die einfachsten Dinge zur Kostbarkeit geworden. Nur Leben und Gesundheit zählten. Jede Unterhaltung drehte sich um die Notwendigkeiten des Alltags, vor allem um das Essen, um die Frage, woraus die nächste Mahlzeit bereitet werden konnte. Das waren die Schwierigkeiten, die zukünftig die Menschen bewegten. Nicht mehr Siegesfanfaren, Eroberungen und Paraden beschäftigten den nunmehr wieder kleindeutschen Bürger, sondern die Sorge um Kohlen, ein Stück Brot, ein paar Quadratmeter Wohnraum – die alle Deutschen bedrückenden Schwierigkeiten eines tristen und trüben Alltags.

Eine Fahrt von Koblenz nach Bonn. Früher eine problemlose Kurzreise. Nicht der Rede wert. Jetzt ein von Menschen überfüllter Eisenbahnzug. Waggons, aus denen man Bänke und Abteilwände herausgenommen hatte, um mehr Menschen hineinzwängen zu können. Wieder und immer wieder aus den Türen quellende Menschentrauben, an den Außenfenstern hängende Reisende, auf Puffern und Waggondächern kauernde Menschen. Daß der Krieg doch so viele hatte überleben lassen!

An jedem Bahnhof das gleiche Chaos: sich stoßende, hinein- und hinausdrängende, sich gegenseitig pres-

sende Menschen, Schreie, Flüche, Geschimpfe. Der El-
lenbogen beherrschte die Bahnhofsszene. Wer ihn am
besten einzusetzen verstand, erreichte als erster sein
Ziel.

Welch ein Glück, daß ich meinen Tankstellen-Brahmt
aus Essen bei mir hatte! Er setzte sich für mich ein,
schob, puffte und quetschte mich durch die wogende
und zähflüssige Masse Mensch. Stehend, eingepfercht
in die stampfende, dampfende Menschenmenge,
kamen wir auch wirklich nach Bonn-Ellerbahnhof, dem
Ziel unserer Tagesetappe. Es sollte die letzte Station
meiner Heimkehr werden. Morgen würde ich zu Hause
sein. Morgen!

Noch vierundzwanzig Stunden! Mein Gott, war nicht
alles ein Traum? Zehn Monate würden als Alptraum hinter mir liegen. Ich kam heim! Morgen beginnt das neue
Leben. Heute fuhr kein Zug mehr. In einem
Bürovorsteherhäuschen bezogen wir Quartier, das ein
freundlicher Bahnhofsvorsteher uns zur Verfügung gestellt hatte. Zwei Schreibtische sollten unsere Liege-
plätze sein in einem Raum, der ansonsten lediglich mit
zwei Holzstühlen eingerichtet war. Mein Freund
Brahmt gab mir eine Tüte Graupen, auch Kälberzähne
genannt, und etwas Salz. Mittels eines Kochgeschirrs
sollte ich eine leckere Mahlzeit aus diesen köstlichen
Zutaten zaubern.

Nun ja, was tat es. Ich wanderte mit diesen Grundsub-
stanzen in eine nahegelegene Mietskaserne, klingelte
an irgendeiner Tür. Man öffnete mir und blickte mich
ob meiner Gefängniskleidung mißtrauisch an. Sie erwarteten wohl, ich würde sogleich damit beginnen, die
Wohnung auszuräumen. Daran war ich mittlerweile ge-

wöhnt. Ich konnte die mit Recht mißtrauische Mieterin beruhigen. Keine Gefahr sei im Verzuge. Ich wolle nur meine Graupen kochen. Sie gestattete es mir, und das war in der damaligen Zeit durchaus großzügig, denn Gas und Strom waren wie alles andere auf das Lebensnotwendige reduziert. Was ich an Gas verbrauchte, würde der Bewohnerin später für ihre eigenen Bedürfnisse fehlen. Dank sei ihr für die großzügige Hilfsbereitschaft! Not macht nicht nur erfinderisch, auch hilfsbereit.

Auch das Kochen brachte ich also hinter mich, und bald saßen wir zu zweit in unserem Bahnhofsstübchen und löffelten meine trostlose Graupensuppe. Ob sie meinem Freund geschmeckt hat? Wie gleichgültig war das nach einer Zeit, wie wir sie hatten erleben müssen.

Meine Gedanken begannen sich mit der Heimkehr zu befassen. Mein neuer Freund Brahmt war erklärtermaßen Kommunist, ich für ihn eine Maria Schmitz aus Bergheim. Natürlich wollte er mich nach Hause begleiten, mich wohlbehalten bei meiner Mutter abliefern. Er erwartete gewiß die bescheidene Behausung eines Braunkohlenkumpels. Wie zum Teufel konnte ich ihm die Baroneß beibringen, ohne ihn zu verletzen, und daß mein Elternhaus nicht in Bergheim, sondern in Köln-Junkersdorf gelegen war, also in einem Kölner Wohnviertel des gehobenen gutbürgerlichen Milieus? Ich habe nie viel Hemmungen gehabt, und kaum hatten wir in unserem Vorsteherdienstraum Quartier bezogen, uns so gut es ging eingerichtet, da packte ich den Stier bei den Hörnern:

»Willi, ich muß dir etwas gestehen. Rege dich bitte nicht auf!«

Derart begann ich die Entschleierung meines Pseudonyms. Keine Maria Schmitz, keine Kommunistin, kein Bergheim. Komm, Junge, sei vernünftig. Eine veritable Baroneß steht vor dir, doch damit wahrlich keine leibhaftige Teufelin. Denke dir, sie hat ebenso unter den Nazis gelitten wie du, vielleicht sogar noch mehr.

Donnerwetter! Das hat den armen Kerl getroffen. Heftig sprang er auf, raste wie ein Wilder in unserem Stübchen hin und her, einem hysterischen Anfall nahe.

»Du Schwein!« schrie er mich an. »Lügnerin! Betrügerin!«

Das waren noch die mildesten Titulierungen, mit denen er mich belegte. Was habe ich mir Mühe gegeben, ihn zu beruhigen! Gewiß, es mag eine Dummheit von mir gewesen sein, nicht von Anfang an meinen Namen, meine Herkunft genannt zu haben. Aber ich hatte die wohlmeinende Mahnung meines Gefängnisdirektors in der Barnimstraße noch im Ohr: »Nenne nie deinen Namen! Verschweige deine Adresse!«

Ich hatte mich noch nicht an die neugewonnene Freiheit gewöhnt, war mißtrauisch, auch gegenüber meinen Weggenossen. In diesem Fall war meine Vorsicht fehl am Platz. Dennoch schien sie mir verständlich.

Was war letztlich von Bedeutung? Ein leerer Name oder die erlebte Wirklichkeit? Mit Engelszungen redete ich auf ihn ein, setzte ihm alles so verständlich wie möglich auseinander, versuchte ihn zu besänftigen. Er hatte sich all diese Tage als ein wahrer, selbstloser Freund erwiesen, so daß es mir weh tat, ihn derart gekränkt zu sehen.

Gott sei Dank! Mein stundenlanges Auf-ihn-Einreden begann Früchte zu tragen. Endlich beendete er das hektische, aufgeregte Hin-und-hergelaufe, setzte sich nieder, zeigte erste Anzeichen aufdämmernden Verständnisses. Aber es bedurfte noch einer weiteren Stunde begütigender Erklärungen, bis er sich halbwegs mit der Baroneß abfand.

Herrgott! Was hatte schon die »Baroneß« oder »Maria Schmitz« damit zu tun, daß ich neuneinhalb Monate in Gefängnissen gesessen hatte, zum Tod verurteilt war? Was bedeutete gegenüber diesem Schicksal schon ein Name? Ich, der Mensch, war verurteilt worden, nicht mein Name. Und als Mensch mit meinem Wesen und meiner Vergangenheit sollte er mich akzeptieren, und er tat es.

Heimkehr

Am nächsten Morgen begleitete er mich, wie verabredet, zum letzten Abschnitt unserer Irrfahrt. Früh brachen wir auf. Nun hatte ich es eilig, nach Hause zu kommen, brannte mir die Zeit unter den Nägeln. Je mehr ich mich meinem Zuhause näherte, desto eiliger hatte ich es, die letzten Kilometer, die mich von meiner Familie trennten, hinter mich zu bringen.

Zum Bahnhof brauchten wir nicht zu fahren, dort befanden wir uns bereits. Ein Zug in Richtung Köln wurde auch gefunden – voll, brechend voll. Was tat das schon. Auch diese letzte unbequeme, beschwerliche Fahrt würde ich überstehen. An ihrem Ende erwartete mich mein Elternhaus, meine Mutter, mein neues Leben in einer neuen Zukunft.

In Rodenkirchen, am Stadtrand von Köln, endete die Bahnfahrt. Wir schwangen uns auf die Räder, um so das letzte Stück Weges über den Militärring, Kölns westliche Umgehungsstraße, zurückzulegen. Mein Gott, was war ich aufgeregt!

Konnte es denn wirklich wahr sein? Kam ich in der Tat nach Hause? Wartete kein neues Gefängnis auf mich?

Laß uns schneller fahren, in die Pedale treten, was das Zeug hält, was die Beine hergeben.

Ich fuhr vorneweg, meinen Essener Genossen im

Schlepp. Wären wir doch erst da! Ob alle gesund waren? Ob das Haus noch stand? Viele Wochen hatte ich keine Post mehr von zu Hause bekommen. Ich wußte ja überhaupt nicht, was sich in den letzten drei Monaten alles ereignet hatte. Es war mir immer eine Selbstverständlichkeit gewesen, mein Zuhause in bester Ordnung zu wähnen. Es konnte einfach nicht sein, war undenkbar, daß irgend etwas Schreckliches dort geschehen war. Lieber Gott, nur das nicht!

»Dort vorne ist die Aachener Straße«, rief ich Willi Brahmt zu. »Da müssen wir abbiegen. Nach rechts!« Kein Kilometer trennte mich mehr von meinem Ziel. Nur jetzt keine Reifenpanne, fuhr es mir durch den Sinn. Hinein in die Frankenstraße, an deren Ende der Salzburger Weg begann. Da war mein Elternhaus.

Ja, es stand wirklich noch. Dort hatte ich es vor mir. Alles, wonach ich mich gesehnt hatte, lag endlich, endlich zum Greifen nahe vor mir. Das Haus war von einer Bombe, die in den Garten gefallen war, leicht beschädigt. Doch was tat das schon. Das Dach war noch an seinem Platz, die Fenster bis auf wenige Ausnahmen heil. Ja, sogar Blumen blühten im Garten, echte Blumen! Immer noch schien die Sonne vom Himmel herab. Es war warm, und alles war unendlich schön.

Ich stieg von meinem Fahrrad. Meine Beine zitterten, ich mußte mich auf meine Lenkstange stützen. Alle Herrlichkeit vor mir trank ich gleichsam in mich hinein. Wie gerne, wie liebend gerne hätte ich in diesem Augenblick irgend jemanden, irgend etwas in meinem Innersten gehabt, dem ich hätte danken können. Aber da war nichts. Erloschen in mir war die Wärme des Glaubens, erkaltet in der Asche des Erlebten. Zum ersten Mal in meinem Leben bedauerte ich diese Leere, dieses Nicht-vorhandensein einer vertrauten, wärmenden Glaubens-gewißheit.

Ich warf das Fahrrad in irgendwelche Büsche, hastete über den Gartenweg zur Haustür, klingelte, klopfte: »Macht auf. Macht doch endlich die Tür auf. Eure Tochter ist wieder da, wirklich da! Ja, hier stehe ich, bin gesund und habe meinen Kopf noch auf den Schultern. So macht doch auf!«

Ich klingelte Sturm, hämmerte gegen das Holz. Da öffnete sich die Tür. Herrgott, hat das lange gedauert.

Mein Stiefvater stand vor mir, in feiner Schale, schwarzem Mantel, schwarzem steifem Hut, zum Ausgehen bereit.

»Wo ist Mutti?« stieß ich hervor. »Ist sie gesund?«

»Pst, sie liegt im Bett mit Kopfschmerzen. Wir wollen sie überraschen.«

Überraschen? Welch ein Unsinn! Ich lief einfach an ihm vorbei und in ihr Schlafzimmer. Die Fenster waren verdunkelt, da das helle Tageslicht die Schmerzen verstärkte. Ich kannte das von früher. Auch das hatte sich also nicht geändert. Bei meinem Eintreten hob sie den Kopf. Mein Gott, sie hatte in der Zwischenzeit weiße Haare bekommen, schneeweiß. Wie schrecklich grau ihr Gesicht aussah und wie alt. Wie furchtbar alt! Ich fiel auf ihr Bett. Ihre Arme umfingen mich, und wir weinten und weinten hemmungslos die Tränen einer unendlichen Freude, eines unfaßbaren Glücks. Ich war zu Hause. Ich war wieder bei meiner Mutter.

Anhang

Todesurteil des Volksgerichtshofs gegen Margot von Schade vom 17. November 1944.

Brief aus der Todeszelle an meine Schwester vom 28.11.1944, oben rechts der Freigabevermerk der Zensur.

Ausweis für ehemalige politische Gefangene, ausgestellt von der US-Militärverwaltung.

Abschrift aus »Bewährung im Kampf«. Der Fall von Schade aus kommunistischer Sicht.

Abschrift.
J.L 412/44
5 J 1518/44

IM NAMEN DES DEUTSCHEN VOLKES !

In der Strafsache gegen

1.) Die Bereiterin Margot von S c h a d e   aus Demmin, geboren
am 27. März 1923 in Burg Zievrich (Krs. Bergheim a.d. Erft),
2.) die Bereiterin Barbara S e n s f u ß .aus Demmin, geboren
am 30. Oktober 1921 in Königsberg (Pr.),
3.) die Bereiterin Käthe T ö b e r in Demmin, Pensiner Weg 3 a,
geboren am 19. Januar 1914 in Berlin-Charlottenburg ,
zu 1) und 2) in dieser Sache in gerichtlicher
Untersuchungshaft,

wegen Wehrkraftzersetzung,

hat der Volksgerichtshof, 1. Senat, auf die am 30. Oktober 1944
eingegangene Anklage des Herrn Oberreichsanwalts in der Hauptverhandlung vom 17. November 1944, an welcher teilgenommen haben

als Richter:

Präsident des Volksgerichtshofs Dr. Freisler, Vorsitzer,
Landgerichtsdirektor Dr. Schlemann,
SA-Brigadeführer Hauer,
NSKK-Obergruppenführer Regierungsdirektor Offermann,
Stellvertretender Gauleiter Simon,

als Vertreter des Oberreichsanwalts:

Landgerichtsrat von Zeschau,

für Recht erkannt:

Margot von S c h a d e hat die Heuchelmörder vom 20. Juli
verherrlicht, das Mißlingen des Mordanschlages auf unseren
Führer bedauert, unseren Führer aufs niedrigste verächtlich zu
machen gesucht und in schamloser Selbsterniedrigung mit einem
Russen sich "politisch" unterhalten.

Für immer ehrlos wird sie dafür mit dem T o d e bestraft.

Dafür, daß Barbara S e n s f u ß und Käthe T ö b e r für
die Attentäter Partei ergriffen oder sonst sich unserem Führer
treulos geäußert hätten, bestehen keine Anzeichen.
Sie werden deshalb von diesem Vorwurf freigesprochen .

Gründe.

179

G r ü n d e :

In der ~~Remontschule~~ in Demmin sind s eit Frühjahr oder
Frühsommer dieses Jahres Margot von S c h a d e , Barbara S a n s -
f u ß , Käthe T ö r b e r , Marga Gräfin von Seckendorf und Frau
Elfriede Dietz als Bereiterinnen tätig.

Die drei Ersten sollen, das ist der Vorwurf des Herrn
Oberreichsanwalts, sich, besonders nach dem Mordanschlag des 20.
Juli, schwer zersetzend geäußert, sogar den Meuchelmord gut
geheißen haben.

Margot von Schade hat das auch, wie schon im Vorverfahren
so auch wieder vor uns in der Hauptverhandlung, zugegeben.

So gibt sie zu, daß sie zum Attentat sich geäußert habe:
" Pech gehabt! ", Pech nämlich, daß der Mordanschlag nicht glückte!!

Sie gibt weiter zu, daß sie erklärt habe, die Offiziere
(die den Meuchelanschlag ausführten) seien nicht feige gewesen,
sie hätten Mut gehabt !

Das allein streicht sie aus unserer Mitte aus. Denn wir
wollen nichts, garnichts mehr gemein haben mit Jemandem, der mit
den Verrätern an Volk, Führer und Reich, die uns durch ihren
Verrat unmittelbar in Schande und Tod geschickt hätten, wenn
sie Erfolg gehabt hätten, sich solidarisch erklärt.

Margot von Schade hat aber, und das mag zur Vervollständi-
gung des Bildes ihrer Verworfenheit festgestellt werden, diese
ihre gemeinen Äußerungen auf der Grundlage einer durch und durch
verräterischen, ehrlosen Grundeinstellung getan.

Zunächst: Für sie gilt auch der Satz " Sage mir mit wem Du
umgehst, und ich sage Dir, wer Du bist". Sie hat nämlich von
einer Freundin einen Brief bekommen, in dem diese ihr in geradezu
widerlich schamloser Weise, sich dicke tuend, schreibt und breit
schildert, wie sie mit anderen zusammen (im fünften Kriegsjahr!)
Tanzorgien, Saufgelage und Völlereien mit Lebensmitteln treibt,
die Jedem in genau bemessener Menge zugewiesen worden.

Mag das auch nur die Atmosphäre kennzeichnen, in der sie lebte.
Sie selbst hat in Demmin des öfteren sich so zersetzend geäußert,

daß ihr Soldaten und Unteroffiziere s... n mußten, sie solle den
Mund halten. Und sie selbst hat in unfassbarer Selbsterniedrigung
auf der Pferdeweide mit einem russischen Pferdeknecht sich in
eine Unterredung eingelassen, in der dieser fragte, wie weit
die Russen seien, sie darauf auf dem Pferderücken die Reichsgrenze einzeichnete und ihm zeigte, wo die Russen seien.
Sie hat dann das Gespräch dahin weitergeführt, wen die Bolschewisten dann, wenn sie kommen, zuerst töten würden, und hat von
sich aus, als der Russe sagte, vier, unseren Führer, den Reichs-
marschall und Reichsminister Dr. Goebbels genannt. Den Vierten,
den der Russe meinte, konnte sie sich nicht gleich denken. Der
Russe nannte ihr dann den Reichsführer-ss. So hat sie dies Gespräch, das schließlich der hinzukommende Feldwebel, der ihr
gründlich die Wahrheit sagte, beendete, selbst den Volksgenossinnen Gräfin von Seckendorf und Frau Dietz geschildert, die uns
das als Zeug*innen bekundet haben. Sie selbst hat uns übrigens
das Gespräch eben so dargestellt, lediglich mit der Maßgabe,
daß sie behauptet, dem russischen Pferdeknecht gesagt zu haben,
daß es schlimm sei, wenn die Bolschewisten kämen, und daß er
darauf gesagt habe, sie würden nur Drei töten, und daß dann
das Gespräch wie geschildert weitergegangen sei. Aber abgesehen
davon, daß das ebenso würdelos gewesen wäre, - es ist unwahrscheinlich, daß ein Gespräch eines würdelosen deutschen Mädchens
mit einem Russen sich so entwickelt. Und vor allem, wir sind
davon überzeugt, daß sie den beiden Kameradinnen das Gespräch
so geschildert hat, wie es gewesen ist, und daß diese uns Margot
von Schades Schilderung auch so wiedergegeben haben, wie diese
sie ihnen gegeben hat. Beide Volksgenossinnen erinnern sich
nämlich noch ganz genau dieser Schilderung und beide machen
einen tadellosen Eindruck, überlegen jedes Wort, das sie sagen
gewissenhaft, sind ruhig und bestimmt, haben nichts von "Jagd-
fieber" an sich, haben- wie auch Margot von Schade erklärt - keinen
Streit, keine Eifersüchtelei, keinen ihr irgendwie erklärlichen
Grund zu Rache oder ähnlichem gehabt. Sie sagen uns also wie
in diesem Punkt so auch in allen anderen die Wahrheit.

Kein Wunder, daß Margot von Schade bei solchem Verhalten
...   den

den beiden genannten Kameradinnen auch sagte, sie möchte den
Russen wohl einmal gut ansehen und dann mit ihm zu Abend
essen !!!

Kein Wunder, daß sie, wie sie selbst zugibt, als sie und ihre
Kameradinnen zum Gemeinschaftsempfang der Führeransprache gingen,
das mit den Worten mitteilte " Herr Hitler spricht!" Der Zorn
und die Scham muß doch jedem darüber hoch kommen, daß ein
deutsches Mädchen sich, im Jahre 1944, so ausdrückt. Bei ihr
kein Wunder, daß sie zu Kameradinnen nach ihrer eigenen wie deren
Bekundung zum Ausdruck brachte, ihre Kameradin Frau Dietz werde
ihr mit jedem Tag sympathischer, weil sie nicht,- wie sie zuerst
angenommen habe, Nationalsozialistin sei. !!!

Kein Wunder, daß sie nach eigenem Geständnis nächste Mit-
arbeiter unseres Führers schwer beschimpfte, z.B. sagte, Reichsminister Dr. Goebbels schreie jetzt Heil Hitler, wenn die Bolschewisten kämen, würde er ebenso Heil Moskau rufen.

Ja, sie ging sogar so weit, sie - man muß schon sagen -
eine dumme Gans, über den Mordanschlag auf unseren Führer zu
sagen, es sei auch höchste Zeit, daß etwas passierte; sie
bewundere die Offiziere (gemeint: die Verräter); " der Scheißgefreite habe lange genug den Offizieren in die Hosen gekackt".
Das will sie zwar jetzt nur noch teilweise wahr haben. Aber
Gräfin von Seckendorf und Frau Dietz haben es uns so zuverlässig
bekundet, daß wir keinen Zweifel daran haben; es war so.

Daß ein solch würdeloses Subjekt in jeder Beziehung, auch
außerhalb des Politischen, schamlos gemein ist, versteht sich
von selbst. Bei ihr steht es fest. Hat sie sich doch nach den
Aussagen der beiden mehrerwähnten Kameradinnen nicht geschämt,
sogar ihre eigene Mutter vor ihnen zu verdächtigen. Sie sagte
ihnen nämlich, als einmal einige Zeit keine Briefe von ihr ankamen:
ob sie wohl verhaftet sei, sie denke nämlich geradeso wie sie !

Wer in so schamloser Selbsterniedrigung als Deutsche derartige
Gespräche mit einem Bolschewisten führt, wer derartig den gemeinsten
Verrat unserer Geschichte verherrlicht, wer so unseren Führer
verdächtlich zu machen sucht, - der beschmutzt dadurch unser ganzes
Volk. Wir wollen mit Jemandem, der mit der Treue seine Ehre, seine

ganze

ganze Persönlichkeit derart atomisiert, für immer zerstört hat,
aus Gründen der Sauberkeit nichts mehr zu tun haben. Wer so um
sich Zersetzung verbreitet (§ 5 KSSVO), wer sich so zum Hand-
langer unserer Kriegsfeinde bei dessen Bemühungen, in unserer
Mitte Zersetzungsfermente zu entdecken, macht (§ 91 b StGB.),
der muß aber auch mit dem Tode büßen, weil wir die Festigkeit
der Haltung unserer Heimat, überhaupt unseres um sein Leben
schwer ringenden Volkes unter allen Umständen schützen müssen.

Dem gegenüber ist es keine Entschuldigung, wenn Margot von
Schade schon früher in Köln, wie sie behauptet, defaitistisch
infiziert worden sein sollte, oder wenn, wie es scheint, in
Demmin ein Vorgesetzter, Major von Salviati, war, der schwerst
zersetzende Reden führte. Das könnte einer Entgleisung gegenüber
ins Gewicht fallen, ist aber keine Entschuldigung für den Dauer-
verrat einer durch und durch brüchigen "Persönlichkeit" wie
Margot von Schade.

Barbara Sonsfuss und Käthe Törber haben wir von dem Vorwurf,
auch sie hätten für die Heuchelmörder Partei ergriffen oder
sonstwie sich unserem Führer treulos geäußert, freigesprochen,
wie es der Herr Oberreichsanwalt am Schluß der Hauptverhandlung
beantragt hat.

Beide haben auf uns einen sehr guten, aufrichtigen Eindruck
gemacht. Aus beider sonstigem Leben wissen wir nichts, was sie
fähig erscheinen lassen könnte, so etwas zu tun. Beide haben
solches Tun während des ganzen Verfahrens bestritten.

Und beider Belastung durch die Volksgenossin Marga Gräfin
von Seckendorf schwand in der Hauptverhandlung dahin. Nicht,
als ob diese früher die Unwahrheit gesagt hätte. Aber im Vorverfahren hat sie sich (jedenfalls nach dem Inhalt der Nieder-
schriften, nicht über die Zusammenhänge der damals von ihr
bekundeten Äußerungen ausgelassen, die Grundlage der Anklage
gegen Barbara Sonsfuss und Käthe Törber sind.

Käthe Törber hatte sich im Dienst den Fuß gebrochen und lag
auf ihrem Zimmer. Gräfin von Seckendorf brachte ihr das Essen.
Dabei soll Käthe Törber gesagt haben: Wenn das Attentat gelungen
wäre,

wäre, wäre der Krieg aus.

Käthe Törber erklärt, das könne sie nicht gesagt haben.
Das entspreche nicht ihrer Einstellung. Sie sei unserem Führer
treu. Wenn von den Folgen eines geglückten Attentats gesprochen
worden sei, was natürlich sein könne, dann könne sie diese
nur als schrecklich hingestellt haben. Marga Gräfin Seckendorf
hat vor uns bekundet, sie habe auch den Eindruck gehabt, daß
Käthe Törber nicht den Wunsch, daß es hätte gelingen mögen, oder
die Enttäuschung, daß es mißglückt war, habe zum Ausdruck
bringen wollen. Auch sonst habe Käthe Törber sich nie untreu
geäußert. Hinzu kommt folgendes: Ihrer Wirtin, Frau Luise
Günther, bei der sie wohnt, hat Käthe Törber gleich nach dem
Anschlag ihren Abscheu darüber zum Ausdruck gebracht. Und der
Volksgenossin Frau Hedwig Hagemann gegenüber, die ihr, als sie
mit ihrem gebrochenen Fuß im Freien lag, den Mordanschlag
mitteilte, hat sie sich ebenso mit Abscheu über dies Verbrechen
geäußert. Das haben uns beide als Zeuginnen anschaulich und
glaubhaft geschildert. Wir haben also keine Anhaltspunkte
dafür, daß Käthe Törber sich so geäußert hätte, wie die Anklage
ihr vorwirft.

Dasselbe gilt für *Barbara Sonsfuss.* Sie gibt offen zu,
daß sie in Demmin in schwerer Gefahr gewesen sei. Sie hat sich
nämlich dort mit dem schon erwähnten Major von Salviati verlobt.
Und der hat ihr gegenüber stets schwer zersetzende Ausführungen
gemacht, wenn er auf politische Dinge zu sprechen kam. 24 Jahre
älter, ihr Vorgesetzter im Dienst und zugleich ihr Bräutigam,
hat er auf sie und ihre Haltung natürlich einen ganz besonderen
Einfluß gehabt. Glaubwürdig sagt sie uns, daß er ihr gesagt
habe, es wäre besser, wenn wir " nicht diese Regierung" hätten;
Stauffenberg habe allerhand Mut gehabt; wir müßten Frieden
machen ; 24 Generäle hätten kapituliert und kämpften mit ihren
Soldaten jetzt " gegen die Nazis". Es sei leicht möglich, und
auch wünschenswert, daß das Attentat wiederholt werde.

Barbara Sonsfuss erklärt für möglich, daß sie damals
unter diesem Einfluß auch Dinge gesagt habe, die gar nicht
ihre Meinung seien. Aber zu dem Mordanschlag auf unseren Führer
habe

habe sie sich nie zustimmend geäußert. Und unseren Führer habe sie
nie schlecht gemacht. Sie stehe treu zu ihm. Sie habe schwer
unter der Einstellung ihres Bräutigams gelitten und habe sich
immer wieder gefragt., ob sie mit Jemandem, der so denke,
die Ehe schließen könne. In ihrer Not habe sie das auch
ihrer Stubenkameradin, Marga Gräfin Seckendorf gesagt. Diese
hat das bestätigt und gesagt, daß Barbara Sensfuss tatsächlich
unter der politischen Einstellung ihres Bräutigams sehr litt
und sich mit dem Gedanken trug, deshalb ihr Verlöbnis zu lösen.
Marga Gräfin Seckendorf bekundet weiter, Barbara Sensfuss
habe ihr wohl einmal gesagt, sie möchte doch auch einmal
hören (" wieder einmal" kann sie nicht bestätigen), was die
Engländer sagten; sie habe auch die Geschichte von den 24
Generälen als Erzählung Salviatis ihr mitgeteilt, aber die
Zeugin bekundet nicht, daß Barbara Sensfuss das Attentat
gebilligt oder sich gegen den Führer treulos oder über den
Nationalsozialismus abfällig geäußert hätte.

So bleibt zwar, daß Barbara Sensfuss unter dem Einfluß von
Salviati wohl hier und da ein Wort ihm nachgeredet haben mag,
das sie nicht sagen durfte. Aber andererseits bleibt die Tat-
sache, daß sie unter dem übermächtigen Einfluß von Salviati
ehrlich mit sich selbst gerungen hat, um sich von ihm freizumachen.
Und es bleibt kein Anhalt, daß sie sich so benommen hätte, wie
die Anklage ihr vorwarf.

Sie hat sich inzwischen offenbar von dem für sie so gefährlichen Einfluß freigemacht. Sie ist wohlerzogen. Ihre
Mutter insbesondere hat von der NSDAP das allerbeste Zeugnis
bekommen, weil sie sich vorbildlich im Kampf mit dem Bomben-
terror benommen hat. Wir glauben, daß Barbara Sensfuss im
Grunde eine treue Volksgenossin ist und daß sie das auch
bleiben wird.

Deshalb haben wir auch sie freigesprochen.

_____

Weil Margot von Schade verurteilt ist, muß sie auch die
Kosten tragen. Die Kosten, die durch das Verfahren gegen
Barbara Sensfuss und Käthe Törber entstanden sind, trägt
das Reich, weil diese Beiden freigesprochen wurden.

gez.: Dr. Freisler   Dr. Schlemann

Frauenstrafgefängnis

Berlin NO 18, den 28. 11. 194 4
Barnimstraße 10

Rand darf nicht beschrieben werden!

C 2001

Text des auf den Seiten 186 und 187 faksimilierten Briefes
der zum Tod verurteilten Margot von Schade aus
dem Frauenstrafgefängnis Berlin, Barnimstraße vom
28.2.1944 an ihre Schwester.

Mein liebes Schwesterlein!

Da Mutti mich nun noch mal gesehen hat, will ich
Dir schreiben. Wer weiß, wie oft ich noch schreiben
darf, und Du sollst doch auch noch was von mir
hören. Ja, mein Liebes, so ist das! Ich weiß nicht,
was ich Euch noch alles sagen soll, als Hauptsache,
behaltet mich lieb. Ich weiß, Du hast Dir immer eine
andere Schwester gewünscht, hast das ja auch früher
oft genug gesagt, aber ich glaube, jetzt wo wir älter
sind, hätten wir uns vielleicht doch verstanden. Ich
habe mich auf jeden Fall während der Zeit in Greifswald immer schrecklich über Deine Briefe gefreut,
denn von Mutti kamen wenig durch, und so war das
mit der einzige Trost, den ich dort hatte. Dann muß
ich Dir sagen, es war für mich wohl der schönste Tag,
wo Ihr mich dort besuchtet. Weißt Du, hier sitze ich
jetzt tagaus, tagein und denke an die herrlichen Tage,
die wir gehabt haben, und an alles Schöne. Am
schwersten ist der Gedanke an Euch! Vati war so besonders lieb zu mir, als er hier war, so daß ich mich
schäme, mich noch immer seine und Muttis Tochter

zu nennen. Das ist wohl der einzige Trost, daß ich weiß, daß Ihr trotz allem, was ist, doch zu mir steht.

Liebe Gisela, sei Du immer lieb zu den Eltern und mach ihnen keine solchen Sorgen und Kummer und Leid, wie ich es getan habe. Denn jetzt erst sehe ich, daß ich ihnen wohl am wenigsten Freude gemacht habe. Also, vergiß mich nicht und erzähle nicht immer nur Schlechtes von mir, denn Du weißt, wie ich Dich liebe. Laßt es Euch immer recht gut gehen und paßt auf, daß Euch nichts passiert. Meine Gedanken sind immer, immer zu Hause bei Euch dreien. Was soll ich Dir noch sagen?

Grüße alle sehr herzlich von mir. Gib besonders Mutti und Vati einen Kuß. Grüße alle Freunde. Dir selbst 1000 liebe Grüße und innige Küsse. Nimm alles von meinen Sachen, was Du willst und denke bei jeder Perle, es wäre eine Träne von mir.

Dir alles Liebe und Gute für Dein ganzes Leben und werde recht glücklich.

Stets Deine Margot

No. 6072

IDENTIFICATION CARD
for ex‑political prisoner of
prisons Greifswald/Pom., Berlin,
Waldheim, Dresden, Stolpen

AUSWEIS
für ehemalige politische Gefangene aus
Gef. Greifswald/Pom., Berlin,
Waldheim, Dresden, Stolpen

Unterschrift
signature *M. Diestel*
geb. Triön v. Schade

E/0213

Current number   6072   Internee number
Laufend. Nummer   Häftlingsnummer

name   D i e s t e l , Margot
Name

born   27.3.23   at   Zieverich b/Bergheim
geb.   zu

nationality   German — Deutsch
Nationalität

adress   Hamburg, Oberstr.135
Adresse

was kept in captivity from   31.7.44   to   3.5.45

in Nazi-German   concentr. camps   and was

liberated from the   Allied Mil.Gov.

wurde vom   31.7.44   bis   3.5.45   in national-

sozialistischen   KZ-Lagern   gefangen gehalten

und vom   Alliierten Mil Reg   in Freiheit gesetzt.

Comitee of political prisoners.

Kommitee
der politischen Gefangenen.

Abschrift
aus

Bewährung im Kampf
Zur Geschichte des antifaschistischen Widerstandskampfes
unter Führung der KPD im Gebiet des heutigen Bezirkes
Neubrandenburg (1933-1945), S. 49

In Demmin war die 21jährige Margot von Schade bei der Reit-
und Fahrschule kriegsdienstverpflichtet. Sie und weitere zwei
junge Mädchen waren ebenfalls über das Mißlingen des Attentats
enttäuscht und verhehlten auch in der Öffentlichkeit ihre Enttäuschung nicht. Margot von Schade wurde verhaftet und vom
1. Senat des Volksgerichtshofs unter Vorsitz von Freisler am
30. Oktober 1944 zum Tode verurteilt. In der Begründung wurde
gesagt, sie "hat die Meuchelmörder vom 20. Juli verherrlicht,
das Mißlingen des Mordanschlages auf unseren Führer bedauert,
unseren Führer aufs niedrigste verächtlich zu machen gesucht
und in schamloser Selbsterniedrigung mit einem Russen sich
politisch unterhalten ..." Am 5. März 1945 wurde Margot von
Schade in das Zuchthaus Waldheim überwiesen. Nur der schnelle
Vormarsch der sowjetischen Armee rettete ihr Leben.

Greifswald, 21.4.1987

F.d.R.: Schmidt